KB164354

골목시장 생존법

700만 자영업자 시대에
골목사장이 가장 궁금해하는
장사에 관한 모든 법률지식

골목사장 생존법法

김남균 · 김남주 지음

한권의책

골목시장 생존법

초판 1쇄 인쇄 2015년 03월 19일
초판 1쇄 발행 2015년 03월 27일

지은이 김남균 김남주
펴낸이 김남중
디자인 썸앤준

펴낸곳 한권의책
출판등록 2011년 11월 2일 제25100-2011-317호
주소 121-883 서울 마포구 합정동 411-12 3층
전화 (02)3144-0761(편집) (02)3144-0762(마케팅)
팩스 (02)3144-0763
종이 월드페이퍼 **인쇄·제본** 현문인쇄

값 15,000원 ISBN 979-1185237-15-2 03320

* 잘못된 책은 바꿔드립니다.
* 이 책 내용의 전부 또는 일부를 재사용하려면 반드시
  저작권자와 한권의책 양측의 동의를 받아야 합니다.

이 도서의 국립중앙도서관 출판예정도서목록(CIP)은 서지정보유통지원시스템 홈페이지(http://seoji.nl.go.kr)와
국가자료공동목록시스템(http://www.nl.go.kr/kolisnet)에서 이용하실 수 있습니다.
(CIP제어번호: CIP2015007034)

| 저자 서문

경리단길, 홍대, 가로수길 등에 가보면 독창적이고 예쁜 점포를 운영하는 젊은 사장들이 많다. 그들의 톡톡 튀는 아이디어와 과감할 수 있는 결단성이 부럽다. 법조인인 나는 여러 소송을 하면서 보았던 리스크 때문에 이것저것 재다가 구멍가게 하나 내지 못하고 늙어갈 것이다. 거기다 누가 창업한다고 하면 시시콜콜 잔소리를 늘어놓기 일쑤다. 내 입장에서 걱정스러워 늘어놓는 잔소리들이 듣기 싫겠지만, 잘 들어두면 피가 되고 살이 될 것이다.

이 책은 상가임대차와 관련하여 자주 일어났거나 누구에게나 일어날 수 있는 사례들을 중심으로 엮었다. 상가임대차와 관련된 소송들을 하면서 왜 이렇게 억울하게 계약을 체결했는지 물어보면, 십중팔구

"누가 이렇게까지 될 줄 알았습니까?", "건물주가 다 그렇게 하는 것이니 월세만 잘 내면 아무 문제없다고 하길래……."라고 대답한다. 믿을 사람을 믿어야지요. 건물주가 다 그런 것은 아닌지만 건물주도 사업하는 사람이다 보니 자기에게 이익이 나는 쪽으로 의사 결정을 하는 것이다. 상권 없는 지역의 점포를 인수해 라이브카페를 운영할 의뢰인에게 건물주는 "너무 고마워", "10년 이상 마음 놓고 장사해."라고 말하지만, 몇 년 지나 상권이 발달하면 비싼 값에 건물을 팔고는 살려달라는 그 의뢰인에게 "건물이 팔렸으니 나한테 이야기하지 마라."고 하는 게 인간사이다. 눈 뜨고 코 베일 수 있으니 정신 바짝 차려야 한다.

세입자를 보호하기 위한 상가건물임대차보호법이 있어서 그나마 다행이다. 이 법 때문에 5년간 임대차 기간이 보호되고, 건물 주인이 바뀌어도 걱정할 필요가 없게 되었다. 하지만 이 법도 맹점이 많고, 일정 금액 이상 임대차에서는 적용되지 않는다. 제일 중요한 건 권리금이 보호되지 않는다는 것. 거래 관행상 다음 세입자에게 권리금을 받고 나오지만, 법적으로는 건물주가 권리금 없이 나가라고 했을 때 대항할 방법이 없다. 권리금을 보호하는 법이 국회에서 논의되고 있지만, 만들어질지 권리금을 제대로 보호할지는 미지수다. 그래서 창업을 고민하는 사람들은 권리금과 시설비가 회수되지 않을 수도 있다는 점을 감안해 사업성 분석을 해보길 권한다. 매달 흑자를 냈지만 마지막에 권리금을 못 받고 나오면 전체적으로 손실이 될 수 있다.

일본은 백 년 이백 년 된 가업 점포가 많고, 젊은 자손들이 가업을 잇는 것에 자부심을 느낀다고 한다. 그러나 우리의 현실은 이와는 많이 다르다. 어떻게 하면 젊은이들이 자부심을 갖고 점포를 창업해 다음 세대에게 가업으로 물려줄 수 있는 사회가 될 수 있을까? 물론 여러 가지 상황과 조건이 있겠지만, 지금처럼 5년 임대차 기간도 제대로 보호되지 않는 제도로는 어렵다고 본다. 자영업자가 폭발적으로 증가하고 있는 요즘 우리 사회가 심도 있게 고민을 해봐야 할 지점이다.

이 책은 상가임대차 이외에도 세금, 손님과의 손해 배상, 자금 및 파산, 회생 등 점포를 운영하면서 맞닥뜨릴 수 있는 여러 문제에 대해서도 조언을 하고 있다. 점포 창업자들에게 밝은 길을 일러주는 안내서가 되길 기대해 본다.

변호사 **김남주**

| 목차

1장

철수씨, 골목사장으로 나서다

나 오늘 사표냈다!

나, 오늘 사표냈다!

올해로 10년차 직장인인 철수씨는 과장 승진을 앞두고 그동안 다니던 회사에 사표를 냈다. 경기 침체로 자영업이 어렵다고는 하지만 언제까지 무섭게 치고 올라오는 20~30대 후배들과 경쟁하며 지금의 자리를 지켜낼 수 있을지, 다람쥐 쳇바퀴 돌듯 똑같은 하루하루를 보내도 괜찮은 건지, 중압감과 불안감을 느끼던 터였다. 그래서 '더 늦기 전에 내 사업을 시작하자'는 결단을 내렸다.

그렇다고 감정에 휩싸여 내린 결정은 아니다. 나만의 가게를 해보겠다는 생각은 오래전부터 있었다. 문제는 그 시기를 언제로 하느냐였을 뿐이다. 2년 전부터 바리스타가 되기 위해 커피에 대해 배우며 창업 준비를 조금씩 했다. 성실함만큼은 누구에게도 뒤지지 않을 자신이 있었다. 죽기 살기로 열심히 하다 보면 직장에 다닐 때 보다 더 나은 생활과 노후를 준비할 수도 있지 않을까 조심스러운 기대도 해 본다. 그렇게 철수씨는 조금씩 자영업의 세계에 발을 담궜다.

철수씨는 자본금 1억 2천만 원(대출금 포함)으로 커피숍을 창업할 계획이다. 그런데 막상 시작하려고 하다 보니 뭘 먼저 해야 할지 눈앞이 캄캄하다. 미리 알아두어야 할 것도 한두 가지가 아닌 것 같다. 조심스럽고 두렵기까지 하다. 용감하게 자영업의 세계에 뛰어든 철수씨의 행보를 통해 우리 시대 자영업에 대해 알아보자.

01 요즘 자영업 분위기는?

가게 창업을 앞둔 철수씨는 먼저 서점을 찾았다. 그런데 책을 찾아봐도, 인터넷을 뒤져봐도 선뜻 가슴에 와 닿지 않았다. 백문(百聞)이 불여일견(不如一見). 자신보다 먼저 자영업 세계에 뛰어든 친구에게 직접 조언을 들어 보는 게 낫겠다는 생각이 든 철수씨. 1년 전 창업한 친구는 지인들 사이에서 장사가 꽤 잘 된다고 소문이 나있던 터라 실질적인 도움을 받을 수 있을 것 같았다.

그러나 친구에게 뜻밖의 이야기를 듣고는 조언을 받으러 간 자리가 '위로의 자리'가 되고 말았다. 친구는 장사를 시작한 지 1년 만에 건물주가 월세의 50%를 올려달라고 하여 어쩔 수 없이 가게를 옮길 수밖에 없었다고 한다. 그러면서 "지금 생각하면 너무 비싼 수업료를 낸 셈이야."라고 말했다. 이야기를 들을수록 남의 일 같지가 않았다. 특히 친구가 건물주와 다퉜던 일은 책이나 인터넷에서는 들어보지 못한 이야기였다. 지금까지 자기 사업을 시작한다는 기대감에 부풀어 있던 철수씨에게 친구의 경험담은 '사장'이라는 말 보다 '세입자', '임차인'이라는 말이 먼저 뇌리를 스치게 했다.

> **사례 1) 강씨의 막창집 사건**
>
> 유명 연예인 강씨는 2011년 12월, 자신들이 소유한 건물 1층에 입주

한 임차인 A씨를 계약 기간 만료와 동시에 내보내 대중들로부터 '갑의 횡포'가 아니냐는 비난을 받아야 했다. 하지만 1심 법원은 임대인인 강씨의 손을 들어주었고 2심에서 다시 합의하는 과정에서 임차인 A씨가 강씨에게 1억 8천만 원을 지급하고 같은 건물 지하에서 곱창집을 계속 운영하는 것으로 원만하게 해결됐다.

그러나 며칠 후 강씨의 안타까운 소식이 다시 전해졌다. 사정은 다음과 같다. 강씨 역시 강남역 앞에서 막창집을 하고 있는 임차인 입장이었던 것. 이번에는 강씨가 임차인 신분으로 쫓겨날 운명에 처했다는 것이다. 이를 보고 네티즌들은 인과응보라며 조소를 보내기도 했지만 안타까운 사정은 똑같은 것이었다.

변호사 tip

'강씨의 막창집 사건'은 앞의 곱창집의 경우와 달리 강씨가 '을의 입장'에서 억울한 상황에 처하게 된 상황입니다. 건물주가 건물 재건축을 이유로 다음해 2월까지 입주한 임차인들과 계약 연장을 하지 않고 모두 나가도록 한 것입니다. 그 결과 강씨는 약 5억 원에 이르는 권리금도 받지 못하고 막창집 문을 닫거나 다른 곳으로 이전해야 할 상황에 놓인 것이죠. 강씨뿐 아니라 같은 건물에 입주한 다른 9명의 임차인도 억울한 상황을 호소하고 있습니다.

이처럼 임차인으로 장사를 하다보면 뜻하지 않은 상황으로 가게를 내놔야 하는 경우가 생깁니다. 그중에는 강씨의 사례처럼 감당할 수 없을 만큼의 손해를 보는 경우도 많습니다. 장사가 잘 되도 걱정이고 잘 안 되도 걱정인 거죠. 재건축과 명도소송에 대해서는 뒤에서 자세히 다룰 예

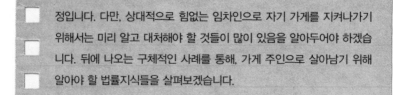

정입니다. 다만, 상대적으로 힘없는 임차인으로 자기 가게를 지켜나가기 위해서는 미리 알고 대처해야 할 것들이 많이 있음을 알아두어야 하겠습니다. 뒤에 나오는 구체적인 사례를 통해, 가게 주인으로 살아남기 위해 알아야 할 법률지식들을 살펴보겠습니다.

바리스타 과정을 수료하고 여러 카페를 답사하며 2년 동안 틈틈이 창업을 준비 한 철수씨는 지금 장사를 하고 있는 친구의 경험담을 통해 장사를 하게 되면 생각지도 못한 변수가 많이 생긴다는 것을 알게 되었다. 책으로 장사를 배운 대부분의 사람들은 유동인구나 타깃 고객, 연령층 등 시장조사를 강조하지만 막상 현실에서는 창업자 스스로 통제할 수 없는 문제가 많았다. 마치 언제 어디서 터질지 알 수 없는 지뢰 같다. 특히 친구처럼 장사가 잘 되는 가게의 경우, 주인이 일방적으로 계약 해지를 하는 경우도 비일비재하다고 하니 세입자 입장에서는 가게가 잘 되도, 그렇지 않아도 걱정인 것이다. 친구는 절대 약자일 수밖에 없는 세입자를 보호할 수 있는 최소한의 방어책인 '계약서'가 무엇보다 중요하다고 말한다. 마치 대선배처럼 격려나 응원 보다는 걱정을 하며, 가게를 시작할 때 가장 중요한 것이 직접 발품을 파는 것이라 일러주었다. '장사는 귀와 발로 하는 것'이라는 말을 남기고 친구는 자리에서 일어났다.

상권 분석 10계명

① 수요와 공급 법칙은 상권에도 적용된다. ② 오피스 상권이 '남성'이라면 동네 상권은 '여성'이다. ③ 싼 점포는 비지떡이다. ④ 유동인구에 현혹되지 마라. ⑤ 대학가 상권에서는 튀어야 산다. ⑥ 대상 상권의 업종 분포 및 경쟁업체를 면밀히 조사하여 전략을 세워라. ⑦ 오피스와 주택 상권의 접점을 찾아라! ⑧ 대상 상권의 지역적 특성과 번성력을 파악하지 못하면 '쪽박' 찬다. ⑨ 개천과 저수지를 구분하면 절반은 성공이다. ⑩ 교육열이 높은 동네에서는 대박 환상을 갖지 않는 것이 좋다.

출처 : 프랜차이즈경제신문

변호사 tip

'상권 분석 10계명' 보다는 구체적인 상권 컨설팅을 받는 것도 한 방법입니다. 만약 컨설팅업체가 정말 실력이 있는지, 비용은 많이 드는 게 아닌지 걱정이 된다면 공공기관인 '소상공인시장진흥공단'에서 하는 상권정보시스템(http://sg.sbiz.or.kr/)을 활용해 보면 좋습니다. 직접 선택해서 분석하는 선택 영역 상권 분석, 주요 지역 상권 분석, 시·군·구별 분석 등 다양한 서비스가 있습니다. 지원 사업으로 상권 분석 컨설팅 사업도 하고 있으니 충분히 활용해 볼 만합니다.

또한 투자 비용, 매출, 그리고 순수익이 얼마가 될지 미리 계산해 보고 사업을 시작할 필요가 있습니다. 아주 정확하지 않아도 괜찮습니다. 직접 계산하다 보면 머리로 알고 있는 것보다 더 많은 정보가 필요하다는 것을 알게 되어 더 철저한 준비가 가능합니다. 단, 여기서 주의할 점은 시설비와 권리금을 5년 뒤 또는 이전 시 회수한다고 장담할 수 없다는 것입니다. 따라서 손실 가능성을 확률로 계산해서 비용으로 계산해야 합니다. 권리금은 관행상 거래되지만, 법적 보호를 받지 못하기 때문입니다.

예를 들어 시설비 5,000만 원, 권리금 2억 원이 들었다면 5년이 지난 뒤 권리금 형태로 전부 회수할 가능성이 100%가 아니기 때문입니다. 그리고 받아도 2억 원이 될 수도 있고 더 적거나 많을 수도 있다는 점을 고려해야 합니다. 저라면 2억 5천만 원×50% 해서 1억 2,500만 원은 손실을 본다고 가정하여 비용으로 처리할 것 같습니다. 연 2,500만 원씩 권리금 비용이 든다고 가정해 그만큼 더 벌어야 하는 것이죠.

＊권리금을 법적으로 보호할 수 있도록 하는 상가건물 임대차보호법 개정안이 2015년 3월 현재 국회에서 논의중입니다.

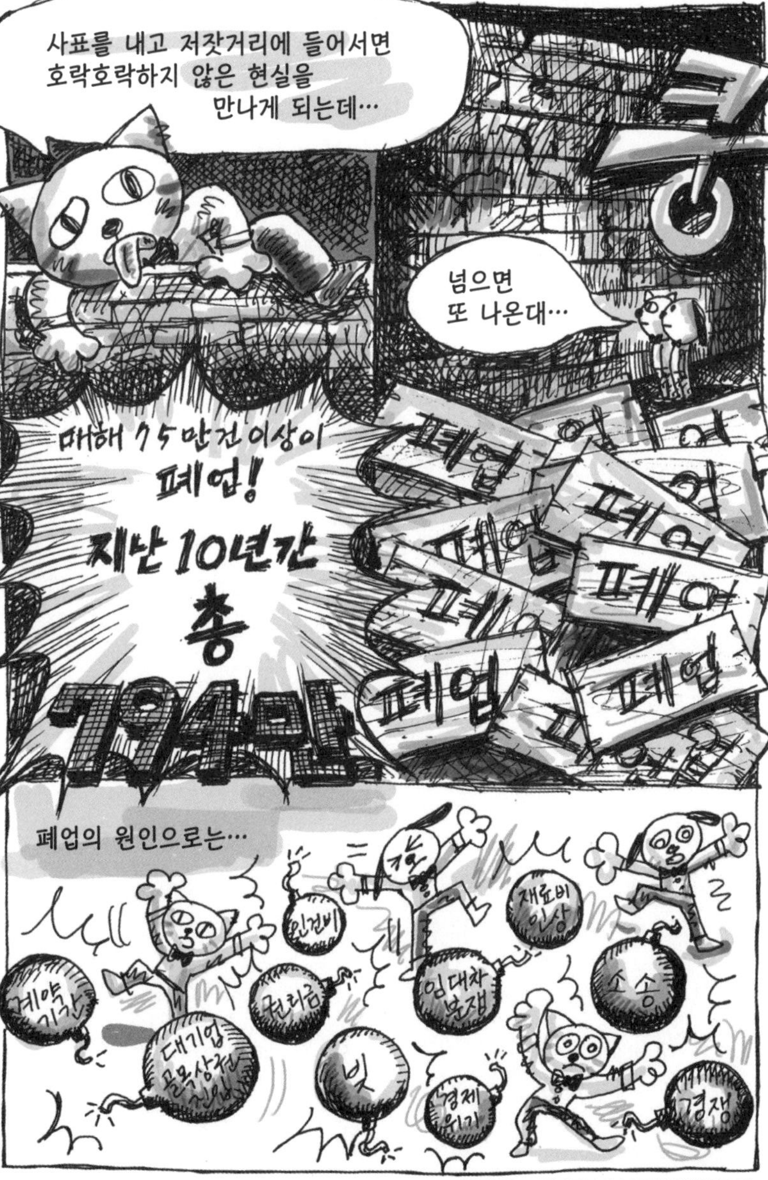

02 이제, 부동산으로

"어떻게 오셨나요?"

"가게 알아보러 왔는데요."

본격적으로 가게 창업 준비를 시작한 철수씨는 부동산 중개업소를 찾았다. 보증금, 월세, 권리금, 입지 등 마음에 드는 조건을 가진 세 곳을 추렸다. 그리고 준비한 자본금을 한번에 나가는 '목돈'과 매월 나가는 '월세', '재료비' 등으로 나눠 구체적인 지출항목을 작성했다.

이렇게 지출항목을 작성하다 보니 내용을 잘 알고 있다고 생각한 월세나 보증금, 권리금에 대해 정확히 모르고 있다는 것을 알게 되었다. 그제야 불안해지는 철수씨에게 권리금 때문에 건물주와 세입자 사이에 분쟁이 발생한다는 뉴스도 자주 들린다. 예전에는 남의 일이라고 생각했는데 막상 내 일이 되고 보니 누구한테 물어봐야 할지 막막하다. 누구라도 속 시~원하게 권리금은 뭐고, 바닥세는 무엇인지 설명해주면 좋겠다는 생각이 간절하다.

월세는 채무의 시작이다

매월 나가는 '월세'는 공간을 빌려 사용하고 그 대가를 건물주에게 지급하는 것으로 보통 '후불'이 많다. 그래서 임대계약을 체결하면 건물주와 세입자는 자연스럽게 '채권 채무관계'가 성립해 임대인(건물주)

과 임차인(세입자)이 된다. 만약 세입자가 월세를 밀리게 되면 채무 불이행자가 되고 건물주는 채권자가 된다. 이는 건물주가 세입자에 대해 법적 제제를 가할 수 있는 근거가 된다. 월세를 내지 못하고 건물주의 인정에 호소해 해결하는 경우는 극히 일부에 지나지 않으며, 대부분의 건물주와 세입자는 '법의 잣대'에 의해 문제를 해결한다. 이로 인해 세입자는 불이익을 당할 수 있다.

이처럼 '월세'는 건물주가 가장 예민하게 생각하는 부분이다. 만약 세입자가 월세를 밀리게 되면 건물주는 심리적으로 불안감을 갖게 되기 때문이다. 결국 이로 인해 건물주와 세입자 간의 신뢰는 깨진다. 이는 자연히 세입자의 계약 연장에도 불리한 영향을 미친다. 결국 세입자가 자신의 권리를 방어할 수 있는 최소한의 방법은 제 날짜에 월세를 납입해 자신의 의무를 다하는 것이다.

그러나 현실적으로 장사가 잘 되지 않는 자영업자에게 월세는 적지 않은 부담으로 다가오는 것이 사실이다.

사례 2) 갑자기 월세 50만 원을 올려 달라고 하는 주인

올 초 보증금 2,000만 원에 월세 100만 원으로 2년 계약을 하고 장사를 시작한 A씨. 그러나 몇 개월 지나지 않아 집주인이 주변 시세에 비해 월세가 너무 싸다는 이유로 올리겠다고 말한다. 아직 계약 기간도 끝나지 않았고, 가게 매출도 안정되지 않은 시점에 월세를 50만 원 더 올려 달라고 요구하는 집주인.

이처럼 계약 기간 만료 전에 집주인이 월세를 올려달라고 하는 경우 어떻게 대응해야 할까? 또 계약 기간이 끝난 후 집주인이 월세를 올려달라고 했을 때 집주인이 요구하는 만큼 A씨는 올려줘야만 하는가?

변호사 tip

현재 우리나라 상가법은 임대료를 연 9% 초과하여 올릴 수 없도록 하고 있습니다. 따라서 위 사례의 경우 집주인은 법을 위반했다고 볼 수 있습니다. 법을 위반해도 처벌을 받지는 않지만, 인상 요구는 무효가 됩니다. 또한 한번 올린 임대료는 1년 동안 올리지 못합니다. 만약 임대인이 막무가내로 올려달라고 해서 어쩔 수 없이 올려줬다면 월세의 연 9%가 아닌, 전체 환산보증금의 연 9%가 넘어간 부분에 대해서 되돌려 받을 수 있습니다. 그런데 모든 상가가 9% 규정이 적용되는 것은 아닙니다. 환산보증금 기준(2014년 1월 1일 이후 서울의 경우 4억 원, 과밀억제권역은 3억 원, 광역시는 2억 4천만 원, 기타 지역은 1억 8천만 원)을 초과하면 이 규정은 적용되지 않습니다.

그럼 역으로 상권이 죽어서 주변 월세가 내렸다면, 월세를 깎아 달라고 할 수 있을까요? 가능합니다. 내려 달라고 할 때는 9% 규정이 적용되지 않습니다. 시세에 맞게 50%도 내려 달라고 할 수 있습니다. 다만, 계약할 때 예측하지 못한 상황 변화가 있어야 합니다. 예를 들어 세금이나 공과금이 현격하게 내렸다든지, IMF처럼 갑작스럽게 경기가 냉각되는 등의 변화를 말합니다. 그러니 갑작스레 경기가 나빠졌다면 우물쭈물 망설이기보다 용기를 내어 집주인이게 이야기 하는 것도 도움이 됩니다.

＊'상가건물 임대차보호법'은 이 책에서 약칭 '상가법'으로 통일했습니다.

🔍 Tip

환산보증금 계산법

환산보증금이란 월세를 보증금 가치로 환산하고 보증금을 더하는 것을 말한다.

(월세 × 100) + 보증금 = 환산보증금

즉, 보증금 2,000만 원에 월세가 100만 원인 경우

100만 원 × 100 + 2,000만 원 = 1억 2,000만 원이 된다.

간단히 생각하면 월세를 전세로 환산하는 방법과 유사하다.

사례 3) 두 달 이상 밀린 월세

김씨는 서울에서 3년 전 보증금 3,000만 원에 월세 200만 원인 점포를 얻어 불닭집을 개업했다. 그런데 최근 조류독감의 여파로 장사가 잘 되지 않았다. 급기야 월세까지 밀리는 상황에 봉착한 김씨. 그렇다고 무작정 월세를 미룬 것은 아니었다. 우선 본인이 지급할 수 있는 내에서는 전부는 아니지만 부분적으로 밀린 월세를 내고 있었다. 그러다 올 3월에는 150만 원, 6월에 다시 150만 원, 그리고 8월에 100만 원을 밀리게 되었다. 물론 3월에 밀린 월세는 5월에 모두 지불한 상태다. 이때 집주인은 아무런 말없이 넘어가 주었다.

그런데 갑자기 내년 3월 계약 갱신을 앞두고, 주인이 임대료가 두 달 이상 미납됐으니 가게를 빼달라고 말한다. 조류독감도 진정되어 매상이 오르고 있는데 갑자기 나가달라고 하니 당황스럽고 속상하다. 김씨는 집주인의 요구대로 나갈 수밖에 없는가?

변호사 tip

나갈 필요 없습니다. 걱정 말고 열심히 장사하시기 바랍니다. 실제로 많은 분들이 이 부분을 헷갈려 하십니다. 그러나 밀린 월세가 두 달치가 되지 않으면 임대인은 임차인을 내쫓을 수 없습니다. 이 경우 월세가 두 달 밀렸다고 나가라고 할 수 있는게 아니라, 2개월치에 해당하는 금액이 밀려야 하는 겁니다. 우리 민법에는 임대 계약을 해지할 수 있는 요건을 '차임 연체액이 2기의 차임액에 달하는 때' 라고 하고 있습니다. 이때 말하는 2기의 차임은 '월세×2'에 해당하는 경우를 이야기하는 것입니다. 즉, 월세가 200만 원인 경우, 2개월치 월세인 400만 원을 넘게 밀리는 경우가 이에 해당됩니다. 예를 들어 월세가 200만 원인 경우, 한 달은 100만 원을 내고 그 다음달은 장사가 더 안 돼 200만 원을 밀렸다면, 총 연체 금액은 300만 원입니다. 따라서 민법에서 말하는 2기에 해당되지 않습니다. 여기서 또 주의할 점은 400만 원을 밀렸다가 중간에 100만 원이라도 냈는데, 그 때 임대인이 아무런 이의를 제기하지 않았다면 임대인은 그 후 계약을 해지할 수 없습니다. 임대인이 400만 원 밀렸을 때 생긴 계약 해지권을 임대료를 일부 받으면서 포기한 것으로 간주하기 때문입니다. 따라서 장사를 하다가 형편이 어려워진 경우에는 월세를 조금이라도 내면서 2기의 월세가 밀리지 않도록 주의를 해야 합니다.

여기서 잠깐! 월세를 3개월 밀리지 않으면 괜찮다고 알고 계신 분이 있을 겁니다. '3기 차임'은 상가법에서 나온 말입니다. 상가법은 임차인에게 총 5년간 계약 갱신을 요구할 권리를 주는 반면, 임대인에게는 특별한 사정이 있으면 갱신 요구를 거부할 권리를 주고 있습니다. 갱신 요구를 거부할 사유 중에 '3기 차임'이 밀리면 임대인이 계약 갱신을 거절할 수 있도록 규정한 것입니다. 정리하면 계약 해지는 '2기 차임'이, 계약 갱신 거절은 '3기 차임'이 연체되면 할 수 있습니다.

여기서 상가법의 맹점을 발견할 수 있습니다. 상가법에서 '3기 차임'이 연체되면 갱신을 거절할 수 있도록 하고 있지만, 2기 차임이 연체되면 임대인이 갱신 거절 안하고 바로 계약을 해지할 수 있습니다. 그래서 갱신 거절 사유인 '3기 차임' 규정이 별 효력이 없고, 헷갈리기만 합니다. 그렇기 때문에 상가법에서 계약 해지와 갱신 거절 사유를 모두 '3기 차임'으로 통일할 필요가 있습니다.

고무줄 같은 보증금

창업 시 가장 큰 목돈이 필요한 것 중 하나가 바로 '보증금'이다. 보증금은 말 그대로 세입자가 건물주에게 건물 사용에 대한 담보로 '일정한 금액'을 지불하는 것으로 임대인과 임차인 간에 생길 수 있는 위험을 사전에 방어하기 위한 최소한의 수단이다. 즉, 건물주 입장에서는 월세를 밀린 세입자가 갑자기 도망을 갈 수도 있다는 불안을 해소할 수 있고, 세입자는 보증금이 높을수록 매월 내는 월세를 낮출 수 있는 장치가 된다. 따라서 세입자는 월세를 낮추기 위해 보증금이 높은 곳을 선호하기도 한다.

그런데 공인중개사는 꼭 높은 보증금이 세입자에게 유리한 것은 아니라고 말한다. 만약 건물이 경매로 넘어가는 경우, 후순위가 되어 보증금을 돌려받지 못하는 상황이 발생할 수도 있기 때문이다. 이런 경우 보통 은행권이 1순위이고, 개인은 후순위가 되는 경우가 많다. 서울의 경우, 최우선 변제의 대상은 환산보증금이 6,500만 원 이하인 가게에 대해 2,200만 원까지 보증금을 최우선 보호해 준다. 따라서 가게를 알아볼 때는 무조건 보증금이 높은 경우만 알아보지 말고 그 반대의 상황도 고려해 자신에게 유리한 조건을 찾는 것이 중요하다.

사례 4) 경매에 넘어갔어요!

A씨는 서울에서 2년 전 보증금 5,000만 원에 월세 200만 원으로 계약을 하고 열심히 장사를 하고 있었다. 그런데 건물주가 부도가 나 건물이 경매에 넘어갔다. 하늘이 무너져 내리는 것 같은 A씨는 보증금을 돌려받지 못할까 걱정이 되었다. A씨는 보증금을 변제 받을 수 있을까? 그리고 변제는 누가 해 줘야 하는 것일까?

변호사 tip

A씨는 경매로 인해 쫓겨날 형편이니 새로운 점포를 얻으려면 보증금이 중요합니다. 이런 경우, 상가법 보호 대상이 되면 상가법에 의해서 보증금을 돌려받을 수 있지만 그렇지 않은 경우에는 돌려받을 가능성이 희박합니다. 이는 집을 임차했을 때도 마찬가지입니다. 그러나 주택임대차보호법은 모든 주택임대차를 보호하기 때문에 상가임차인처럼 상가법의 보호를 받지 못하는 안타까운 사례는 적습니다. A씨는 사업자등록을 내면서 세무서에서 확정일자를 받았다면 상가법에서 정한 순위에 따라 보증금의 보호를 받을 수 있습니다. 따라서 확정일

자를 받았다는 증빙을 구비해 경매가 진행되는 법원에 배당을 신청하면 됩니다. 그러면 경매 법원이 경매대금에서 순위에 따라 보증금을 지급해 줄 것입니다.

그런데 주의할 점이 있습니다. A씨보다 경매대금에서 먼저 돈을 가져 가는 사람이 있습니다. 경매비용, 세금, 직원 임금 중 일부, A씨 확정일자 보다 먼저 등기한 근저당권자 등이 그들입니다. 그래서 계약을 체결할 때 보증금을 안 떼이려면 등기부가 깨끗한 건물이 좋습니다. 근저당, 가 압류, 가처분 등의 복잡한 내용이 있다면 신중해야 하는 것입니다. 상가 법 보호 범위에 속하지 않으면 건물이 경매될 때 보증금을 떼일 위험성 이 높습니다. 이런 경우 경매가 신청되었다면 월세를 납부하지 않는 것 이 좋습니다. 보증금이 미납 월세로 0원이 되면 보증금 손해를 전혀 안 볼 수도 있습니다.

사례 5) 상가보증금을 돌려주지 않아요

B씨는 2011년 상가를 임대해 3년 동안 장사를 했다. 이후 건물주가 바뀌어 재계약을 했다. 2년 동안 장사를 하고 작년 11월 계약이 만료 되어 계약 해지를 통보한 후 장사를 접었다. 그런데 보증금 중 남은 1,400만 원을 차일피일 미루며 돌려주지 않더니 이젠 전화도 받지 않 고 연락이 되지 않는다. B씨는 카드빚도 막지 못해 곤란을 겪고 있는 형편이다. 어떻게 해야 돌려받을 수 있을까?

변호사 tip

보증금은 나올 때 꼭 받고 나와야 합니다. 위의 사례처럼 보증금을 돌려주지 않는 상가는 다 이유가 있습니다. 아마도 건물 등기부가 지저분해서 후속 세입자가 안 들어올 가능성이 높을 겁니다. 이미 등기부에 가압류, 가처분, 근저당이 덕지덕지 붙어 있거나 주인이 억지 주장을 하면서 보증금에서 이것 저것 제하고 못 돌려준다고 하는 경우도 있을 것입니다.

한마디로 보증금은 임차인의 '인질'인 셈입니다. 임대인은 세입자가 잘못한 게 있으면 보증금에서 다 떼고 돌려줄 수 있는 것이죠. 연체 월세, 원상회복 비용, 불법건축물로 인한 과태료 등이 그에 속합니다. 특히 다른 것은 액수상 큰 다툼이 없는데, 원상회복 비용에서 제일 다툼이 많고, 다음으로 임대인이 일방적으로 월세 인상을 통보해 놓고 미납이라고 주장하면서 보증금에서 떼는 경우가 많습니다. 강제로 돌려받는 방법은 경매를 통한 방법 밖에 없습니다. 경매를 위해서는 지급명령을 받거나 소송을 통해 판결문을 받아야 합니다.

이 사례처럼 돌려 받지 못한 돈 1,400만 원을 갖고 일반인이 소송을 하기는 쉽지 않습니다. 더 소액인 500~600만 원이라면 아마 포기하고 말지도 모릅니다. 보증금이 높을 때 종종 이런 문제가 발생할 수 있습니다. 외국은 우리나라처럼 보증금이 많지 않습니다. 캐나다는 주택임대차의 경우 보증금으로 월세의 두 달치 이상을 받지 못하도록 법으로 정해 놓았습니다. 보증금을 높이면 월세를 줄여 좋지만, 계약이 끝나 나올 때 인질이 될 수 있으니 잘 생각해야 합니다.

사례 5에서도 알 수 있듯이 계약 시 본인에게 부담이 될 정도의 보증금은 득이 아니라 '독'이 될 수 있다. 따라서 가게 계약을 위해서는 최적의 상황뿐만 아니라 최악의 경우도 생각해야 한다. 일반적으로 '적당한 보증금'은 월세의 10~20배를 일컫는다. 그러나 이는 일반적인 경우이고 상권에 따라 차이는 있을 수 있다. 예를 들어 홍대 앞, 가로수길 등 상권이 좋은 곳은 평균 1억이 넘는 경우가 많으며, 월세도 $660m^3$(20평) 기준 500만 원 정도로 형성되어 있다. 물론 이 금액은 그때그때 해당 상권의 상황에 따라 바뀔 수 있다. 서울의 경우, 앞에서 언급했듯이 법적으로 보장하는 한도금액이 2,200만 원임을 고려한다면, 보증금을 돌려받지 못하는 최악의 경우를 고려해 계약을 체결해야 한다.

　　이를 위해 세입자가 할 수 있는 최선의 방법은 계약 전 해당 건물에 대해 제대로 알아보는 것이다. 우선, 공인중개사를 통해 건물 등기부 등본을 확인해 근저당 설정 유무와 근저당이 설정되어 있다면 금액은 얼마인지 확인한다. 이는 세입자가 해당 건물의 주소만 알고 있어도 대법원 사이트(www.scourt.go.kr)를 통해 확인이 가능하다. 돌다리도 두드리고 건너라는 속담처럼 아무리 조심해도 지나치지 않은 것이 부동산 거래 계약이다.

Q Tip

대항력

대항력이란 임대차 계약 효력을 계약 당사자가 아닌 제3자에게 주장할 수 있는, 즉 대항할 수 있는 권리를 의미한다. 이 경우 중간에 건물주가 바뀌어 새 건물주가 기존 세입자에게 계약 무효를 주장했을 때, 세입자는 이에 대항할 수 있다.

그러나 모든 임대차 계약에서 대항력을 행사할 수 있는 것이 아니다. 상가법의 적용을 받고, 상가법에 따라 인도 받고 사업자등록을 한 임대차만 행사할 수 있는 것으로 고액 임대차는 해당되지 않는다.

＊대항력이 일부에게만 있는 것이 형평성에 어긋난다는 상인들의 주장이 이어져 2015년 3월 현재 환산보증금 액수에 관계없이 임차인 모두에게 대항력이 부여되는 법안이 국회에 계류중에 있다.

발목지뢰가 될 수도 있는 '권리금'

가게를 구하다 보면 권리금이라는 딱지가 붙은 곳이 많다. 여기서 말하는 권리금이란 가게가 갖고 있는 영업 관련 유형물(시설, 비품 등)이나 방식(거래처, 고객, 신용, 영업기술) 또는 위치에 따른 이점 등을 임차인이 이어받는 대가로 전 임차인에게 지급하는 돈이다. 흔히 유동인구에 따른 상권과 입지를 의미하는 '바닥권리금'과 감가상각 후 남은 시설의 가치에 따른 '시설권리금', 영업 즉 고객의 숫자에 따른 '영업권리금'으로 나눈다. 이 세 가지 중 하나만 있는 경우도 있고, 세 개 모두 해당하는 경우도 있다.

또한 처음엔 권리금이 없는 '무권리금'으로 가게를 차렸다가 권리금이 발생되는 경우도 있고 그 반대로 권리금을 주고 들어갔다가 장사가 잘 안 되어 권리금을 못 받고 나가는 경우도 있다. 그러나 이 두 가지 사례는 억울한 경우에 속하지 않는다.

　최근 가로수길이나 홍대 앞 등 상권 과밀 지역에서는 권리금 때문에 억울함을 당한 상인들이 늘어나면서 그들에 대한 사연이 뉴스에 오르내리고 있다. 이는 권리금이 법적인 보호를 받을 수 없기 때문에 건물주가 강탈하는 경우가 발생하기 때문이다. 소위 '왕의 귀환'이라고 불리는 '내 아들이 장사할 건데 가게 좀 비워줘.' 하는 방법과 계약 만기가 되었으니 나가달라고 한 뒤 다음 임차인에게 건물주가 직접 권리금을 받는 방법 등이다. 이처럼 우리나라는 현행법상 권리금에 대한 규정이 없기 때문에 억울한 경우에도 법적으로 보상 받기 어려운 실정이다.

　권리금이 법으로 보호받지 못하자 이를 악용하는 사례가 많아졌다. 2015년 3월 현재 권리금을 법으로 보호하는 법안이 여야 비슷한 내용으로 발의되었으며 법사위에 상정되어 계류중에 있다. 개정법안이 국회 본회의를 통과하여 공포되면 모든 임차상인의 권리금이 법으로 보호된다. 권리금에 대한 피해 유형으로는 임차인을 내쫓고 건물주가 권리금 챙기기, 임차인을 내쫓고 권리금을 월세에 녹여 무권리금 점포로 내놓고 높은 월세를 받는 행위, 바닥권리금을 공인중개사가 받아 챙기기, 상권이 하락하는데도 높은 권리금을 의식하고 임대료를 낮춰주지 않는 행위 등이 있다.

사례 6) 권리금을 돌려주지 않아요!

5년 전 A씨는 이전 가게 주인(세입자)에게 권리금 1억 원을 주고. 목 좋은 곳에 가게를 차렸다. 이후 계약 기간이 완전히 끝나자 건물 주인은 더 이상 계약 연장을 하지 않겠다고 한다. 그럼 A씨가 이전 가게 주인에게 준 권리금은 어떻게 되는 것일까?

변호사 tip

안타깝지만 받기 어렵습니다. 판례에 의하면 원칙적으로 권리금을 지급해 달라 또는 받을 수 있게 보장해 달라고 임대인에게 요구할 수 없습니다. 신축 건물 같은 경우 임대인이 바닥권리금을 받는 경우도 있지만, 통상 권리금은 임대인이 받는 게 아니라서 임대인에게 돌려달라는 것은 상도의에 맞지 않는다는 것입니다. 나름 일리가 있습니다. 하지만 임대인은 임대료가 목적이기 때문에 임대료만 잘 낼 사람이면 세입자가 누구라도 큰 상관은 없을 것입니다. 그러니 세입자(임차인)가 새로운 세입자를 골라 권리금을 받도록 해도 무방합니다. 그래서 관행상 권리금 수수가 임대인의 묵인하에 이뤄지고 있는 것입니다. 그렇다면 세입자가 특별한 사정이 없는 한 새로운 세입자에게 권리금을 받을 수 있게 임대인에게 요구할 수 있는 권리가 있어야 하는 것 아닐까요?

현재 판례에 의하면 권리금 회수는 오로지 '관행'과 '임대인의 선의'에 기댈 수밖에 없습니다. 특약에 '모든 권리금 인정함'이라고 써도 일정한 사정이 없으면 임대인에게 달라고 요구할 수 없다고 합니다. 대법원은 이 문구를 임대인이 무조건적으로 권리금을 책임지는 게 아니라, 세입자가 점포를 넘길 때 새로운 세입자에게 권리금을 받는 것을 인정해야 하고, 임대인이 세입자의 권리금 회수를 방해한다면 권리금을 반환해야 한다는 의미로 보았습니다.

사례 6에서 알 수 있듯이 권리금에 대해서는 법리적인 근거가 없기 때문에 계약 만료 등으로 가게를 비워주게 되면 임차인은 권리금에 대해 아무런 권한을 행사할 수 없다. 한마디로 권리금은 사라져 버리는 것이다. 물론 다음 임차인에게 권리금을 받고 나가면 되겠지만 이 또한 법으로 보장받는 것은 아니다. 결국 다음 임차인에게 시한폭탄을 넘겨주는 꼴이 된다.

이처럼 대부분의 소상공업 창업자가 처음 가게 창업을 준비할 때 가장 이해하기 힘든 것이 바로 '권리금'이다. 일반적으로 권리금은 시설비 투자, 손님의 수, 상권 이 세 가지 요소에 의해 결정된다. 그리고 이는 건물주가 아닌 이전 세입자에게 지급하는 돈으로 법의 보호를 받지 못하는 돈이다. 그런데 이 권리금은 그 금액에 비해 특별한 기준이 없어 '부르는 게 값'인 경우가 많다. 감정원의 자료를 보면 보증금의 1.8배 정도 된다고 한다. 예를 들어 보증금이 2,000만 원이면, 권리금은 4,000만 원이라는 것이다. 이는 월세의 20배에 해당한다.

상황이 이렇다 보니 처음 창업을 준비하는 사람들로서는 '불안'할 수밖에 없다. 그렇다고 권리금 없는 가게를 구하자니 장사가 잘 되지 않을 것 같아 선뜻 나서지 않게 된다. 나중에 100% 되돌려 받는다는 보장도 없는 상황에서 속수무책 당하고 있어야 한다면 임차인의 권리는 누가 보장해 주는 것일까? 법의 보호를 받을 수 있는 방법은 정말 없는 걸까?

사례 7) 홍대 돼지갈비

5년 전, 뭘해도 망해나갔다는 건물에 A씨가 들어가 장사를 했다. 당시 건물주도 자신의 건물에서는 도저히 장사를 할 수 없어 세를 놓고 나갔다.

그러나 A씨는 주위의 우려에도 불구하고 성실하고 친절하게 열심히만 하면 길이 보일 것이라고 믿었다. 그렇게 한 해 두 해 지나가면서 가게는 적자에서 탈피하며 자리를 잡았다. 그리고 올해부터는 흑자로 돌아서며 그야말로 살맛나는 상태가 되었다. 모두가 하루 18시간씩 매진하며 가게에서 일한 덕분이었다.

그런데 장사가 자리를 잡고 잘 되자 의외의 곳에서 문제가 생겼다. 건물주가 상가법에서 보장하는 임대 기간이 끝나는 시점에서 갑자기 가게를 빼달라고 통보를 한 것이다. 건물주가 직접 가게를 하겠다고 한다. 몇 년 동안 적자로 고생하다 최근에 와서야 겨우 장사가 되기 시작했는데 아무런 보상도 받지 못하고 길거리에 나앉게 된 A씨는 생각하면 할수록 울화통이 치밀어 오른다.

가게 들어올 때 권리금도 1억 2,000만 원을 냈다. 그동안 열심히 해서 단골손님도 많아졌는데 갑자기 원상복구비용을 포함하여 보상금 2,000만 원을 주고 나가라고 하니 해도 해도 너무하다는 생각이 든다. 이 가게 덕분에 주변 건물 가격도 덩달아 많이 올랐는데 상권 활성화에 대한 노력은 온데간데없이 나가라고만 하는 주인. 주위에서는 권리금을 노린다는 소문도 들린다.

변호사 tip

안타깝지만 이런 경우 세입자는 법적으로 어떠한 보상도 받을 수 없습니다. 우리나라 현행법상으로는 세입자가 임대인에게 권리금을 보장해 달라거나 또는 권리금을 달라고 요구할 권리가 없기 때문입니다.

그래서 상인들이 제일 억울해 하는 부분이 바로 '권리금'입니다. 변호사인 제가 봐도 억울한 상황입니다. 관행상 건물주는 상가임대차 양수양도를 허용하고 있습니다. 세입자가 새 세입자를 구해서 양수양도를 허용해 달라고 하면 임대인이 특별한 사정이 없으면 허락하는 형식입니다. 임대인은 양수양도 하면서 세입자들 사이에서 권리금을 주고 받는 걸 알고 있습니다. 평소에는 이 권리금을 주고받는 것이 문제없이 이루어지는 경우가 많습니다. 그러나 문제는 이 사례처럼 예상치 못하게 고리가 끊어질 때 발생하게 됩니다.

이런 억울한 사정을 해결하기 위해 국회에서 여야를 막론하고 권리금을 보호할 수 있는 상가법 개정안이 논의되고 있습니다. 그 법안의 주된 내용은 권리금의 정의를 명시하고, 권리금을 회수하는 데 임대인의 협력 의무를 부과하고, 권리금 회수를 방해할 경우 임대인에게 손해 배상 의무를 부과하는 것 등입니다. 권리금 보호 법안이 빠른 시일 내에 통과되기를 기원해 봅니다.

양수양도에 문제가 발생하는 경우는 건물주 또는 그 자녀가 장사를 하겠다며 양수양도를 허용하지 않거나, 건물주가 바뀌면서 본인이 장사하겠다고 양수양도를 막는 경우, 건물을 재건축 하겠다며 양수양도를 막는 경우도 있다. 아주 나쁜 임대인은 세입자를 내쫓은 다음 새 세입자에게 권리금을 받거나 권리금이 없는 대신 임대료를 높게 받는 다고 한다. 피 같은 권리금을 떼이는 경우이니 조심 또 조심해야 한다.

따라서 관행상 인정되는 임차권 양수양도를 법적인 차원에서 보호 해야 권리금 문제가 해결될 것이다. 법으로 특별한 사정이 없으면 임 대인은 양수양도를 거절할 수 없도록 하고, 권리금을 빼앗는 행위에 대해서는 제재를 가하는 규정이 마련되어야 한다. 2015년 3월 현재 국 회에 계류중에 있는 권리금을 보호하는 상가법이 하루빨리 통과되기 를 기대해 본다.

철수씨는 불안해졌다. 권리금을 주고 들어가는 경우 그만큼 안정을 빨리 찾을 수 있지만 그 돈의 운명은 건물주에게 달려있다는 것을 알 았기 때문이다. 장사가 잘 되면 권리금이 아깝지 않겠지만 만약 잘 안 되면 다음에 들어오는 임차인에게 내가 투자한 만큼 권리금을 받을 수 있을지 확신할 수 없다.

철수씨는 좀 더 다양한 정보를 얻기 위해 관련된 책을 뒤져보았다. 해외에서는 어떻게 장사를 하는지 궁금해진 철수씨는 해외 사례들도 찾아 봤다. 많은 사람들이 이야기하는 것처럼 권리금이 국내에만 있는 '이상한 관례'인지도 궁금해졌다. 그런데 책을 살펴보니 사실 권리금이 라는 것이 국내에만 있는 것은 아니었다. 우리나라와 달리 해외에서는 법적으로 권리금을 보호해 주고 있었다. 예를 들어 프랑스에서는 발걸음 비용이라는 뜻을 가진 '빠 드 뽀르트(pas de porte)'라는 이름의 권리금이 있었다. 즉, 내가 잘 가는 가게를 머리로 기억하기 전에 '발'이 기억하기 때문에 붙여진 이름이다.

앞에서 살펴본 것처럼 창업을 위해 가게 계약을 할 때는 월세, 보증금, 권리금 이 세 가지를 잘 알고 있어야 계약서를 제대로 작성할 수 있다. 특히 상권이 집중되어 있는 지역은 대부분 적은 금액이라도 권리금이 있기 때문에 권리금에 대한 계약을 따로 하는 경우가 많다. 이런 경우에는 이전 임차인과 권리금에 대한 거래 계약서를 작성하고, 임대인과 임대차 계약서를 작성하게 된다.

다시 설명하면 권리금 계약은 이전에 장사하던 임차인과 하는 것이다. '권리금'에 시설권리금, 영업권리금 외에 영업노하우(레시피, 운영 방법 등)에 대한 부분까지 포함시켰다면 이 부분에 대해 충분한 약속 이행이 이뤄진 후 지급하면 된다. 이는 '영업 양도'에 해당하며 상법에 의해 해당 거래는 보호 받을 수 있다.

보증금 2,000만 원에 월세 100만 원의 '임대차 계약'은 이전 임차인 과는 전혀 상관없는 것으로 건물주와 약속하는 것이다. 따라서 보증금은 나중에 돌려받으면 되고 월세는 서로 약속하여 정해진 날짜에 건물주의 통장에 해당 금액을 넣어주면 된다. 이렇게 작성된 임대차 계약서가 생기면 사업자로 등록해 정상적인 영업을 시작할 수 있다.

2장

철수씨,
계약서를
작성하다

드디어
하게 된 계약!

드디어 하게 된 계약!

철수씨는 3개월 동안 정말 많은 가게를 둘러보았다. 그리고도 마지막에는 세 곳 정도를 두고 고심을 했다. 고심 끝에 마음에 드는 가게를 찾아 아내와 함께 가서 계약을 했다. 20평 규모로 보증금 2,000만 원에 월세 150만 원, 계약 기간 2년으로 상권도 나쁘지 않은 곳이었다. 그러나 가게를 정했다고 해서 걱정거리가 없어진 건 아니다. 걱정은 걱정을 물고 오는 법. '내가 결정을 잘한 건지, 권리금은 적당했는지, 혹시 실수한 건 없는지……' 마음속에서는 매일 천당과 지옥을 오간다. 계약을 마쳤는데도 마음 한편에 자꾸 의구심이 생겼지만 그렇다고 아내에게 말할 수도 없었다. 가족들에겐 짐짓 아무렇지도 않은 듯 '일단 하기로 했으니 열심히 하자'고 서로 격려하며 앞으로 펼쳐질 밝은 미래를 그려보았다.

그래도 계약을 마치고 나니 '아~ 내가 진짜 사업을 하긴 하는구나!'라는 실 감도 나고 의욕도 생기는 것 같다. 앞으로 해야 할 일을 반복해서 머릿속에 그려보는 철수씨, 그동안 해왔던 것처럼 열심히 하면 하늘이 돕겠지라고 생각하며 마음을 가다듬기로 했다.

01 계약 전, 이것만은 꼭 살피자!

"지금 장사하고 있는 임차인이 가게를 빼는 데 한 달 정도가 걸립니다. 권리금에 대한 계약이 먼저 이뤄져야 하니 이것부터 진행합시다. 우선 '가계약금'을 걸고 진행하죠. 월세는 150만 원으로 하고 계약서에는 100만 원으로 적읍시다."

계약을 하러 간 철수씨는 공인중개사의 말이 혼란스럽다. 권리금이나 가계약금은 이미 알고 있는 내용이지만 '다운계약서'는 생소하기 그지 없다. 어떻게 해야 할지 고민이 된 철수씨는 우선 가계약금을 걸어 두고 집으로 돌아와 아내와 상의를 했다. 인터넷 검색을 해보니 다운계약서는 집주인은 소득세를 덜 내고, 세입자는 부가세를 적게 낼 수 있어 부담을 줄일 수 있는 방법이라고 한다. 고민 끝에 계약하기로 결정하고 다음날 부동산업소를 찾았다. 한 달 뒤 입주하기로 하고 이전 세입자에게 권리금을 주었다. 이때 전 세입자는 공인중개사에게 권리금에 대한 10%의 수수료를 주었다.

Tip

권리금 수수료란?
권리금 수수료는 이전 세입자가 공인중개사에게 권리금에 대한 수수료를 주는 것을 말한다. 이때 수수료는 통상 권리금의 10~15%로 전 세입자가 주는 것이다. 권리금 수수료가 법으로 정해져 있지 않아 '폭리' 논란이 일기도 한다.

공인중개사는 계약금으로 보증금의 30%를 먼저 내고 중도금 없이 나머지 잔금을 ○○월 ○○일까지 건물주에게 직접 주는 것으로 정했다. 철수씨는 그 자리에서 계약금을 이체하고, 공인중개사는 확인 뒤 계약금 영수증을 철수씨에게 건넸다. 그렇게 계약을 마친 철수씨는 집으로 돌아와 아내와 함께 한 달 뒤 문을 열 가게를 위해 계획을 세우기 시작했다.

사례 8) 가계약을 두 가게와 한 경우

미용사인 A씨는 미용실 자리를 알아보다 신촌에 있는 ××미용실과 이대에 있는 △△미용실 두 곳이 마음에 들었다. 두 곳 다 목이 좋아 가게를 보러오는 사람들이 많았다. 하루 이틀 더 고민을 하고 싶지만 이렇게 미루다 둘 다 놓칠 것 같은 생각에 공인중개사와 상의를 했다. 공인중개사는 각각 10만 원 정도 걸고 두 곳에 가계약이라는 것을 하라고 말한다. 나중에 둘 중 한 곳을 결정하면 다른 한 곳에 대해서는 가계약금 10만 원을 손해 봐야 하는가?

변호사 tip

이 사례의 경우, 미용사 A씨는 가계약금 10만 원을 돌려받을 수 있습니다. 가계약 시 지불한 가계약금은 대부분 돌려받을 수 있습니다. 일반적으로 '가계약금'이란 것은 본 계약이 체결되면 그 때 지불될 계약금 중 일부분을 미리 지불하는 돈입니다. 대법원은 매수인이 본 계약을 체결하기로 하였다가 본 계약을 체결하지 않으면 본 계약을 무효로 하고 있습니다. 또한 매수인이 어떤 이의를 제기할 수 없다고 약정한 경우에도 가계약금은 돌려받을 수 있다고 판단하고 있습니다.

그러나 가계약금을 주면서 쌍방이 본 계약을 체결하지 않을 경우, 가계약금을 포기한다고 약속했다면 결론이 달라집니다. 약속에 따라 그 돈은 돌려받을 수 없습니다. 그런데 대부분의 가계약금이 지불되는 경우를 보면, 거래 당사자 쌍방 또는 임차인과 공인중개사 사이에서 본 계약 체결이 없는 경우를 대비해 가계약금을 어떻게 할지 합의하는 경우는 드뭅니다.

본 계약금이야 민법에 정해진 대로 계약을 해지하려면 포기하는 게 당연하지만, 가계약금은 법적 규정이 없으니 그렇지 않습니다. 그래서 '가계약금은 본 계약을 하지 않으면 포기하시는 겁니다.' 라는 주장은 그렇게 하기로 쌍방이 약속하지 않는 한 틀린 말입니다. 정신 안 차리면 당합니다. "가계약금은 관행상 원래 포기하는 겁니다."라는 얼렁뚱땅 주장에 속지 말기 바랍니다.

사례 9) 계약금 지불 후, 계약을 취소하는 경우

B씨는 보증금 2,000만 원에 월세 100만 원의 가게를 계약하며 계약금 600만 원을 지불했다. 그런데 계약 진행 중간에 계약하기로 했던 곳보다 더 좋은 가게가 나왔다. 고민을 하던 B씨는 결국 뒤에 소개받은 가게를 계약하기로 결정했다. 그래서 공인중개사를 통해 처음 계

약을 진행하던 가게 주인에게 계약금을 돌려받고 싶다고 했지만 거절당했다. 너무 많은 액수라 포기하기가 쉽지 않은 B씨. B씨는 계약금을 돌려받을 수 있을까?

변호사 tip
만약 세입자의 단순 변심이라면 계약금을 돌려받기 어렵습니다. 따라서 B씨는 계약금을 돌려받을 수 없습니다. 계약금은 원칙적으로 해약 시 임차인은 계약금을 포기하고, 임대인은 계약금의 2배를 반환하는 돈입니다. 계약금은 전문용어로 '해약금'이라고 합니다. 이 돈으로 인해 해약할 수 있는 권리가 생기는 것입니다. 원칙적으로 계약이 체결됐으면 강제로 체결됐다든지, 사기라든지 하는 사유가 없는 한 취소가 안 됩니다.

사례 8의 변호사 tip에서 알 수 있듯이 계약금과 가계약금에는 차이가 있으니 혼동하지 말기 바랍니다.

사례 10) 다운계약서와 세금의 관계

김씨는 5년 전에, 보증금 3,000만 원, 월세 200만 원인 점포를 얻었다. 당시 건물주가 다운계약서를 쓰자고 해서 어쩔 수 없이 월세를 200만 원에서 100만 원으로 낮춰 계약서를 작성하고 확정일자를 받았다. 월세에 대한 세금계산서도 100만 원으로 받았다. 그런데 최근, 세무사가 다운계약서만 아니었다면 부가세를 더 공제받을 수 있었다고 말한다. 다운계약서 때문에 지출 비용이 적게 인정되어 소득세를 더 많이 냈다는 것이다. 만약 세무서에 신고된 다운계약서가 법적 효력을 가진다면 월 200만 원이 아닌 100만 원으로 월세를 적용받아 이전까지의 월세에 대해 차액만큼 돌려받을 수는 없을까? 그게 불가능하다면 더 냈던 세금만큼은 돌려받고 싶다.

변호사 tip

우선, 앞으로 다운계약서는 절대 쓰지 마십시오. 합법적인 방법으로 절세를 하는 것은 좋지만, 어느 경우에도 법을 어겨가며 탈세를 하면 안 좋은 일이 생깁니다. 이 사례와 같은 경우, 다운계약서상의 월세보다 실제 더 많이 지급된 월세는 임대인으로부터 다시 돌려받을 수 없습니다. 실제 약속한 월세를 지급했기 때문입니다. 반면에 더 냈던 세금은 세무서로부터 돌려받을 수 있습니다. 세금계산서를 덜 받은 만큼 세입자가 세무서의 확인을 받아 매입자용 세금계산서를 발행하고 이를 근거로 최대 5년치 부가세를 환급받을 수 있습니다. 또한 세무서에 임대료 증빙서류를 첨부해 경정청구를 하면 최대 5년치 소득세를 환급받을 수 있습니다.

다운계약서로 발생한 세금적인 손해를 세무적으로 정정할 수 없다면, 건물주에게 손해 배상을 청구할 수 있을까요? 없습니다. 그 이유는 건물주가 요구하긴 했지만 세입자도 그 요구에 합의했기 때문입니다.

계약서는 당사자 간의 서명이 들어가는 순간부터 법적 효력이 발생된다. 그렇기 때문에 최악의 경우 법정에 섰을 때를 대비해 계약서를 한 줄 한 줄 꼼꼼히 읽어야 한다. 계약서상의 내용이 법을 어겼을지라도 일단 계약서를 쓰고 나면 법정까지 가지 않는 한 계속해서 분쟁이 발생하기 때문이다. 따라서 계약서를 쓰기 전에 공인중개사에게 미리 계약서를 받아 조항과 내용에 대해 꼼꼼히 살핀 후 계약서를 써야 추후에 일어날 수 있는 분쟁을 최소화 할 수 있다. 특히 계약서의 '특약 사항'은 마지막까지 확인하고, 구두로 약속된 내용은 '녹취'로 증거를 남겨놓는 것이 좋다.

02 특약, 제대로 알고 작성하자!

"잠깐만요."

계약서를 보던 공인중개사가 갑자기 특약 사항 몇 가지를 넣자고 한다. 특약 사항에는 '월세 2개월을 밀릴 시~'와 '원상복구의 원칙을 전 임차인에게 승계 받는다', '차임 발생 시 월 10%의 이자를 부담한다'는 내용이 추가되었다. 그러면서 공인중개사는 통상적으로 쓰는 내용이니 개념치 말라고 이야기한다.

계약 기간도 5년이 아닌 2년으로 하자고 한다. 철수씨는 처음에 5년 계약이 가능하다고 하지 않았냐고 물으니 공인중개사는 상가법으로 보호하는 기간이 5년이니 2년으로 해도 상관없다고 말한다. 그러면서 오히려 장사가 잘 안 되는 경우를 생각해 보라고 한다. 2년으로 계약하면 가게를 접을 때 큰 손해 안 보고 나갈 수 있어서 철수씨에게 더 좋을 수도 있다는 것이다. 그 말에 고개를 끄덕이니, 공인중개사는 한 발 더 나가 이 건물에서 평생 장사하면 된다고 덧붙인다. 그러면서 그동안 건물주가 월세를 올린 적이 없다고 말한다. "좋은 주인이니 걱정 말라"고 말하는 공인중개사. 그렇게 철수씨는 계약서에 사인을 했다. 그런데 계약을 하고 뒤돌아서는 철수씨의 마음은 영 개운치 않다.

일반적으로 '특약'은 건물주와 세입자 간에 필요에 따라 계약서에 없는 조건을 첨부하는 것으로 따로국밥 같은 옵션이라고 보면 된다. 물론 모든 계약이 그렇듯 특약도 법적 효력이 있다. 따라서 특약, 즉 옵션은 가급적 쓰지 않는 것이 좋다. 계약서를 작성할 때는 범위를 넓게 잡고 복잡한 내용이 없는 것이 임차인 입장에서는 유리할 수 있다. 왜냐하면 현행 상가법으로 보호를 받을 수 있기 때문이다.

철수씨와 같이 대부분의 세입자들이 공인중개사의 말만 믿고 특약사항에 특별한 협상 없이 합의를 하는 경우가 많다. 그러나 공인중개사는 그저 '중개하는 역할'을 담당할 뿐 결국 계약에 대한 모든 책임은 세입자가 져야 한다. 따라서 계약을 할 때는 무조건 공인중개사의 말을 믿을 게 아니라 본인이 직접 알아보고 판단해야 한다. 실제로 특약사항 하나로 분쟁이 일어날 수도 있고 지속적으로 건물주의 요구를 들어주어야 하는 상황에 놓일 수도 있기 때문이다.

사례 11) **특약 관련 : 특이하고 부당한 내용**

김씨는 1년 전 소규모 점포를 임대했다. 그런데 계약 당시, 임대인이 특이한 요구를 했다. 임대료가 낮아서 상가법 보호를 받게 되지만, 그 지역 임대료가 최근 급등하고 있으니 특약에 연 50%까지 올릴 수 있다는 내용을 쓰자고 한 것이다. 김씨는 법으로 정한 인상 한도 연 9%보다 훨씬 높은데도 임대인과 공인중개사가 다른 세입자들도 다 그렇게 했다고 강요하는 바람에 어쩔 수 없이 특약을 써넣었다. 1년이 지난 지금, 건물주는 갱신할 때 월세를 50% 올려달라고 말한다. 아무리 생각해도 억울한 생각이 든다. 특약 사항으로 넣었으니 어쩔 수 없이 올려 줘야 하는가?

변호사 tip

특약도 엄연히 계약 내용이라서 원칙적으로 특약 내용을 지켜야 합니다. 하지만 특약에 써 있다고 해서 다 유효한 것은 아닙니다. 상가법을 위반한 특약은 무효라서 지킬 필요가 없습니다. 상가법에서는 상가법을 위반한 계약이 임차인에게 불리하다면 무효라고 하고 있습니다. 따라서 이 사례의 경우, 상가법상 인상 한도인 연 9%만 올려주면 됩니다. 임대차 기간 중에 건물주의 심기를 건드리고 싶지 않다면, 일단 요구한 대로 주고 그 건물과 임대 계약이 끝나면 돌려받는 방법도 있습니다. 단, 소멸 시효 5년이 되기 전에 청구해야 합니다.

지역별 권리금 추이

03 무서운 계약서, '제소전화해조서'

'제소전화해조서(提訴前和解調書),'는 상가건물 임대차 계약서 외에 별도로 작성하는 일종의 '합의서'를 말한다. 풀어서 이야기하면 제소, 즉 민사 소송 등을 하기에 앞서 임대인(건물주)과 임차인(세입자)이 '화해'를 했다고 합의한 서면을 판사가 작성하는 것이다. 한마디로 정식 민사 소송에 앞서 판결을 미리 받았다는 사실을 남겨놓은 것이나 마찬가지다.

하지만 상대적 강자인 건물주가 상대적 약자인 세입자에게 '제소전화해조서를 쓰지 않으면 이 건물에 들어와 장사할 수 없다.'고 엄포를 놓는 경우가 많다. 그렇기 때문에 많은 세입자들은 울며 겨자 먹기로 이 제소전화해조서를 작성한다. 그러나 제소전화해조서는 주로 계약 체결 당시에 건물주와 세입자 간에 체결하는 것으로 나중에 이를 악용하는 사례가 많아 보완이 필요한 면이 많다. 따라서 가게 계약을 할 수 없게 되는 상황이 발생해도 제소전화해조서만큼은 신중해야 한다.

사례 12) 건물주의 일방적 계약 해지

강남역에 막창집을 내고 가게를 시작한 최씨는 최근 건물주로부터 계약 해지 통보를 받았다. 올해 5월 1일이 되면 장사를 한 지 2년째다. 그런데 계약 만료 열흘 전인 4월 20일에 재건축으로 인한 계약 만료 통보를 해온 것이다. 한 달 전에 통보해야 해지가 가능하다고 항변했지만 건물주는 계약할 때 '제소전화해조서'를 작성하지 않았냐며 으름장을 놓는다.

마음이 다급해진 최씨는 계약 당시 아무것도 모르고 썼던 제소전화해조서를 찾아 읽어봤다. 내용인즉, 임대인이 원하면 언제든지 가게를 비워줘야 한다고 되어 있었다. 임대인에게 일방적으로 유리한 항목으로 작성된 제소전화해조서 때문에 잘 되던 가게를 접어야 하는 상황이 되었다. 당시 건물주의 일방적인 주장으로 작성된 제소전화해조서. 강제 집행을 막기 위해서는 공탁금도 2,000만 원이나 내야 한다는데 이 역시 부담되는 것이 사실이다. 최씨는 자기가 쓴 제소전화해조서 때문에 구제받을 방법이 없는 것인가?

변호사 tip

제소전화해조서를 쓰면 거의 절대적으로 임대인을 이길 수 없습니다. 제소전화해조서의 효력이 대법원 판결문과 같기 때문입니다. 별도의 재판 없이 바로 강제 집행을 할 수 있고, 그 내용을 재판으로 뒤집기는 불가능에 가깝습니다. 대법원 판결을 뒤집는 재심과 같이 매우 어렵기 때문입니다.

많은 사람들이 '제소전화해조서'란 용어를 어려워 합니다. 그 말을 풀어보면 '제소전'은 소송을 제기하기 전이라는 뜻이고, '화해조서'는 당사자인 임대인과 임차인이 다툼에 대해 화해한 내용을 조서라는 형식으로 남긴 법원의 문서를 의미합니다. 절차는 한쪽 당사자가 신청하면 법원이 당사자를 출석시켜 신청한 화해 내용과 같은 합의가 이루어졌는지 확인

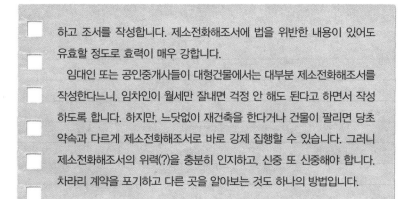

하고 조서를 작성합니다. 제소전화해조서에 법을 위반한 내용이 있어도 유효할 정도로 효력이 매우 강합니다.

임대인 또는 공인중개사들이 대형건물에서는 대부분 제소전화해조서를 작성한다느니, 임차인이 월세만 잘내면 걱정 안 해도 된다고 하면서 작성하도록 합니다. 하지만, 느닷없이 재건축을 한다거나 건물이 팔리면 당초 약속과 다르게 제소전화해조서로 바로 강제 집행할 수 있습니다. 그러니 제소전화해조서의 위력(?)을 충분히 인지하고, 신중 또 신중해야 합니다. 차라리 계약을 포기하고 다른 곳을 알아보는 것도 하나의 방법입니다.

사례 13) 제소전화해조서를 종용하는 건물주

권씨는 사업을 확장하면서 새로운 점포를 임대할 계획이다. 그런데 공인중개사가 건물주가 임대차 계약서 외에 다른 계약서를 요구한다며 '제소전화해조서'를 내밀었다.

제소전화해조서에는 5년이 지나면 '반드시' 가게를 임대인에게 넘겨주고 더 이상 장사를 할 수 없다는 내용이 담겨 있었다. 사정을 들어보니 5년쯤 후에 건물주 아들이 유학을 마치고 오는데 이곳에서 레스토랑을 하고 싶어 한다는 것이다. 5년 후의 일을 어떻게 점칠 수 있냐며 쓰고 싶지 않다고 했지만 공인중개사는 건물주의 완강한 요구라며 안 된다고 말한다. 위치가 좋은 가게라 욕심이 나는데 제소전화해조서를 써야 해서 갈등이 생긴 권씨는 주변사람들에게 물어보았다.

그랬더니 대부분의 사람들이 '제소전화해조서'는 요즘 많이 쓰는 추세라며 대수롭지 않게 말한다. 임대인 입장만 가득한 조서. 불공정 계약이 아닌지 알아보고 싶다.

변호사 tip

임대인들은 세입자를 내보내기 위한 소송을 하게 되면 시간도 오래 걸리고 변호사 비용도 발생하기 때문에 제소전화해조서를 많이 활용하고 있습니다. 하지만 세입자 입장에서는 재판 없이도 쫓겨날 수 있는 위협이 됩니다. 제소전화해조서를 쓰지 않으면 임대해 주지 않겠다고 하고, 계약서에도 안 쓰면 계약을 해지하겠다고 조건을 단다면 불공정 행위라고 할 수 있습니다. 세입자의 헌법상 기본권인 재판청구권을 포기하도록 강요하는 것이기 때문입니다.

대부분의 경우 임대차 계약을 체결하면서 제소전화해조서 작성을 요구하고 있는데, 결혼하면서 이혼 합의를 하는 것과 같은 격입니다. 이런 경우 당사자 사이에 분쟁이 아직 일어나지 않은 상태라는 점에서 '분쟁'을 전제 조건으로 하는 제소전화해조서의 효력도 문제가 됩니다.

처음 계약서에 제소전환해조서 작성을 약속했다가 이후 제소전화해조서를 작성하지 않았다고 하더라도 그 이유로 임대 계약을 해지할 수 없다고 봐야 합니다. 임대차 계약서에 그런 해지 사유가 들어 있더라도 불공정하고, 요건을 갖추지 못하고 있어 무효라고 봐야 하기 때문입니다. 대법원도 임대차계약서에 제소전화해조서를 작성하기로 하는 조항을 넣었지만, 세입자가 제소전화해조서를 작성하지 않은 사안에서 임대인은 계약을 해지할 수 없다고 했습니다. 그러니 훗날을 대비해 가급적 안 쓰는 것만이 현재로서는 가장 현명한 방법입니다.

Q Tip

계약 시 체크 포인트

① 계약 시 사인이 들어간 후부터는 법적 효력이 생기므로 반드시 지킬 수 있는 것이 아니라면 사인하지 말자!

② 다 잊어도 계약 시에 제소전화해조서는 작성하지 않는다는 것을 원칙으로 하자!

③ 근저당이 있는지 살펴 위험 부담을 줄이자.

④ 특약 사항이 있다면 불합리한 부분이 없는지 검토하자.

⑤ 날짜를 꼼꼼하게 보고 계약 만료일을 체크하자.

⑥ 만약을 생각하고 계약서를 작성하자.

⑦ 건물주에게 요구할 부분은 미리 계약서에 반영하자.

⑧ 구두로 합의한 내용도 임차인에게 유리한 내용이라면 계약서에 남겨라.

마지막으로 체크해 봐야 할 것이 또 있다. 중도금 및 잔금 지급 이전에 등기부를 다시 확인하는 것이다. 이를 통해 계약 후 중대한 권리 변동이 있는지 확인을 해야 한다. 사람일은 한치 앞도 알 수 없다는 사실을 계약서를 통해 확인하는 일이 발생하지 않도록 해야 한다. 마지막으로 관할 세무서에서 확정일자까지 받아야 비로소 상가임대차 계약서 작성을 완전히 마무리했다고 볼 수 있다.

서울시 상가임대차 상담통계

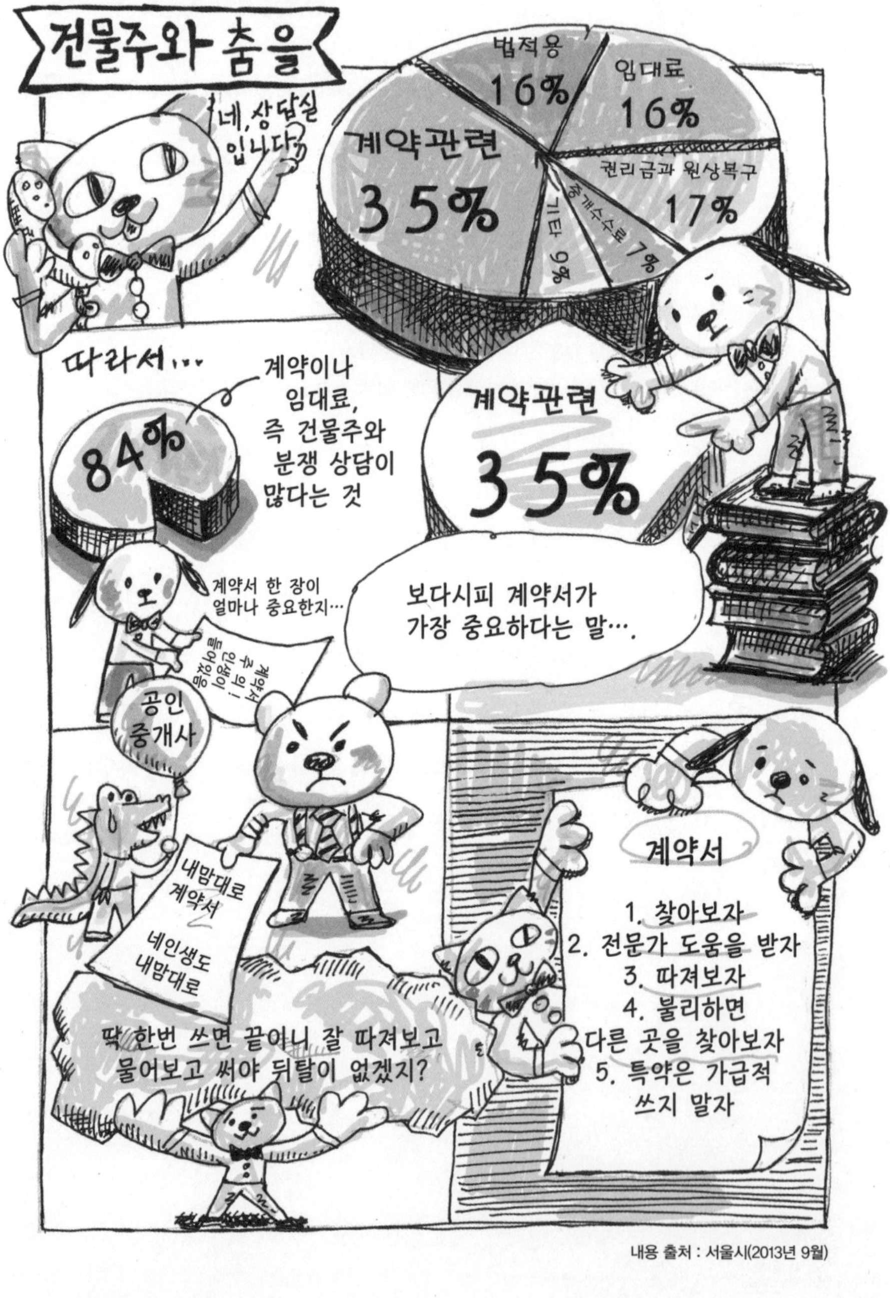

내용 출처 : 서울시(2013년 9월)

3장

개인사업자가 된 철수씨

이제 나도 사장!
개인사업자의
삶

이제 나도 사장! 개인사업자의 삶

지금까지 직장 생활만 했던 철수씨는 생애 첫 사업을 시작했다. 누구나 한번쯤 따사로운 햇살이 들어오는 창 넓은 카페를 꿈꿔봤을 것이다. 카페는 철수씨가 오래전부터 한 번 해 보고 싶었던 일이라 설렘과 기대가 크다. 그러나 가게를 계약하고 본격적으로 영업을 준비하다 보니 단순히 한번쯤 해보고 싶었던 일이 아니라 하나에서 열까지 그의 손을 거치지 않으면 아무것도 이루어지지 않는 '현실'임을 실감하게 된다. 오히려 '여유로운 카페 사장님'보다는 '치열하게 하루하루를 버티는 사장님'의 모습에 더 가깝다. 하루하루가 새로운 일의 연속이라는 철수씨는 요즘 롤러코스트를 타는 기분이다.

막상 가게를 계약하고 나니 가게 이름에서부터 인테리어, 사업자등록, 메뉴 구성까지 그동안 막연했던 일들이 하나 둘씩 나타난다. 문을 열기 전에 준비해야 하는 일도 많다. 앞으로는 세금도 직접 관리해야 한다. 우선 인테리어 공사를 시작하고, 가게 문을 열기 20일 전에 보건소에서 영업 신고를 한 후에 세무서에 가서 사업자등록을 했다. 이제 월급을 받는 입장에서 월급을 주는 '사장'이 된 그는 요즘 설레면서도 긴장되는 하루하루를 보내고 있다.

01 인테리어 우습게 보지 말자!

공인중개사에게 가게 열쇠를 건네받은 철수씨가 제일 먼저 시작한 일은 가게 인테리어다. 지금까지 아내와 함께 하루에도 수십 번 머릿속으로 그리고 지우기를 반복하며 상상했던 가게를 만든다고 생각하니 설레기까지 한다. 한 번 하면 쉽게 바꾸기도 어렵고, 처음 선보이는 모습이 가게 이미지가 된다고 생각하니 어떻게 해야 할지 기대도 되고 한 편으론 걱정도 된다. 지금까지 조직 문화에 익숙했던 그가 하나부터 열까지 모두 혼자 결정해야 하는 상황은 적지 않은 부담으로 다가온다.

가게를 구하면서 틈틈이 인테리어 업체를 만나 지금까지 생각했던 카페의 모습에 대해 의견을 나누며 최종 도면을 받았다. 주방 동선과 테이블 숫자와 같은 실용적 측면과 가게 전체의 색상이나 재질 등 감성적인 부분까지, 실현 가능한 범위 안에서 의견을 조율하며 최종 디자인을 결정했다. 이때 중요한 것이 '예산'이다. 준비된 예산에서 최대한의 효과를 끌어내야 한다.

인테리어 디자인을 결정했다고 해서 철수씨가 손 놓고 있을 순 없다. 인테리어 공사를 하는 중에도 그의 입과 눈은 쉴 틈이 없다. 가게에서 쓸 에어컨, 냉장고는 물론 전기증설, 상하수도시설 등 사소한 것 하나하나가 그의 결정을 기다리고 있었다. 당연히 모두 비용이 드는 일이다. 이렇게 인테리어를 하면서 그가 느낀 것은 '세상에 공짜는 하나도 없다'는 것이다. 자로 잰 듯 가게에 들어가는 모든 것에는 그만큼의 돈이 필요했다.

사례 14) 원상복구와 반환 청구권

2년 전, 전복구씨는 신발가게를 인수받아 옷가게를 열었다. 그러나 가게 인테리어도 다시 하고 분위기도 바꿨지만 장사는 복구씨 생각처럼 되지 않았다. 결국 계속 하는 것보다 가게를 정리하는 게 더 낫겠다는 결정을 내렸다. 그런데 새로 들어오고 싶다는 임차인이 없어 양도양수가 어려운 상황이다. 어쩔 수 없이 임대 계약 만료 시점이 다가오자 건물주에게 계약 연장을 하지 않고 가게를 비우겠다고 말했다. 그랬더니 건물주는 건물이 처음 지어졌을 때와 똑같이 '원상복구'를 하지 않으면 보증금에서 원상복구 비용을 빼고 지급하겠다고 주장한다.

그러나 건물주의 주장처럼 원상복구를 하고 싶어도 이전에 어떻게 되어 있었는지 전혀 모르는 복구씨는 매우 난감한 상태다. 전복구씨가 가게를 인수받았을 때는 신발가게를 했기 때문에 건물주의 주장처럼 처음 지어졌을 때 어떤 모습이었는지 알 수 없기 때문이다. 신발가게를 운영했던 전 임차인은 중간에 있던 벽도 트고 천장도 요즘 유행하는 노출콘크리트로 바꾸는 큰 공사를 했다.

만약 건물주의 말대로 전복구씨가 원상복구를 하지 않으면 원상복구비를 뺀 나머지 보증금만 돌려받아야 하는가?

변호사 tip

이 사례의 경우 핵심은 어느 상태가 '원상'인가 하는 것입니다. 통상 건물주 입장에서는 건물 지었을 때 그 상태라고 주장하겠지만, 세입자 입장에서는 본인이 처음 임차할 때의 상태라고 주장하기 때문입니다. 대법원은 이런 경우 세입자 손을 들어줍니다. 임대차 계약 체결 당시 상태가 원래 상태라는 것입니다.

그런데 이 사례처럼 세입자는 보증금이라는 인질을 건물주에게 잡혀 있는 상황입니다. 따라서 건물주가 주장을 굽히지 않고 과도한 원상복구비를 보증금에서 빼고 지급할 가능성이 높습니다. 이런 경우 세입자 입장에서는 소송 등 법적 절차를 밟아야 하는 번거로움이 있습니다. 그래서 많은 세입자는 그 금액이 크지 않은 경우, 포기하는 사례가 많습니다. 또한 계약 당시 특약 사항에 원상복구에 대해 기재했다면 특약이 우선합니다.

즉, 특약에 원상회복의 '원래 상태'를 건물 완공 당시 상태대로 해놓는다고 기재했다면 그것에 따라야 하니 주의해야 합니다.

사례 15) 인테리어 공사 중에 임대료를 달라고 하는 주인

얼마 전, 강씨는 음식점 임대차 계약을 체결하고 잔금 치르기 2주 전부터 인테리어 공사를 시작했다. 그런데 건물주가 잔금 치르는 날, 인테리어 공사 기간 동안 임대료를 달라고 요구한다. 건물주의 말대로 공사 기간에도 임대료를 줘야 하는 걸까? 장사도 못한 기간까지 월세를 내라고 하니 좀 억울한 생각이 든다.

변호사 tip

이 부분에 관한 법원의 판결은 아직 발견되지 않았습니다. 우선 임대차 계약서의 특약 사항을 확인하시기 바랍니다. 관행적으로 인테리어 공사 기간 1~2주 동안에는 월세를 받지 않지만 이는 관행일 뿐입니다. 계약서에 별도의 내용이 없는 상황에서 건물주가 임대료를 요구하면 세입자가 법적으로 대항하기는 어렵습니다. 세입자 입장에서는 장사를 못했으니 월세 내기 어렵다고 생각할 수 있지만, 건물주 입장에서는 점포에 들어와 개업 준비를 하면서 건물을 사용했으니 그 기간 동안 임대료를 받겠다고 할 수 있는 것입니다. 따라서 추후에 분쟁이 없게 미연에 방지하기 위해서는 계약서 특약 사항에 공사 기간 중 임대료를 어떻게 할지 적어놓는 것이 좋습니다.

사례 16) 인테리어 공사, 허용 범위는 어디까지인가요?

미영씨는 카페를 하기 위해 상가를 임차했다. 물론 계약할 당시, 건물주에게 카페를 할 예정이라고 여러 번 이야기한 상태였다. 인테리어도 원 건물에 대한 구조 변경은 없었지만, 카페로 꾸미다 보니 천장 마감재도 떼어 내고 꾸미지 않은 듯 자연스러운 네이키드 스타일로 했다.

그러던 어느 날, 건물주가 느닷없이 자기 동의도 받지 않고 천장 마감재를 떼어냈다고 항의하기 시작했다. 당장 원래대로 돌려 놓으라는 건물주. 나중에 나갈 때 원상회복해 주겠다고 해도 지금 당장 하라고 하는데, 상가 주인이 하는 요구가 정당한 것일까? 구조 변경이 아닌 인테리어 공사도 건물주 동의를 받아야 하는 것인지 궁금하다.

변호사 tip

답답한 건물주를 만나셨군요. 임대인은 임대목적물을 임차인의 사용에 필요한 상태로 유지할 의무가 있습니다. 따라서 이 사례와 같은 경우, 미영씨가 카페를 운영하는데 필요한 인테리어 공사에 대해 건물주는 용인할(참을) 의무가 있는 것입니다.

그렇다고 임대인이 모든 것을 용인해 주는 것은 아닙니다. 일반적으로 사용하는 임대차 계약서를 보면 임대인 동의 없이 부동산의 '용도'나 '구조 변경'을 할 수 없다고 되어 있습니다. 따라서 임차인은 건물의 용도를 벗어나는 구조 변경을 할 수는 없습니다. 예를 들어 상가를 임대해 줬는데, 주택으로 개조해 사용할 수 없다는 것입니다.

이 사례처럼 '구조 변경'이라는 애매한 문구로 인해 종종 다툼이 발생합니다. 통상 구조 변경에 해당하는 것은 벽체, 기둥, 지붕, 바닥, 계단 등 구조물을 철거하거나 새로 만드는 것을 말합니다. 천장 마감재 철거 같은 정도는 구조 변경이라고 보기 어렵습니다. 따라서 미영씨는 동의 없이 인테리어 공사가 가능하고, 임대인의 원상회복 요구에 응할 필요가 없습니다. 다만, 점포를 명도해 줄 때는 원상회복해서 돌려주어야겠죠.

사례 17) 공사를 마무리 짓지 않는 인테리어 업체

정민씨는 44평 상가 인테리어를 4,000만 원에 계약했다. 선정하기 전에 여러 업체와 만나 견적을 받아 비교하며 꼼꼼히 검토했다. 그리고 여러 업체 중, 감각 있고 성실하게 공사를 해줄 것으로 기대되는 A업체와 계약금 1,500만 원, 중도금 1,000만 원, 잔금 1,500만 원으로 계약을 했다. 계약 당시 정민씨 가게가 있는 상가 중 두 곳도 이미 이 업체와 공사를 한 상태여서 믿고 맡길 수 있겠다는 생각에 별도의 견적서와 상세한 도면을 요구하지 않았다.

그런데 인테리어 업체는 공사가 완료되기도 전에 추가 비용을 요구했다. 거기다 잔금까지 미리 지불한 터였다. 잔금 지불 후에도 추가로 1,000만 원을 요구하며 공사를 마무리 하지도 않은 상태에서 갑자기 공사를 중단했다. 약속한 내용이 제대로 지켜지지 않은 것은 물론, 가게 오픈 시기도 이미 20일이나 지연되어 손해가 이만저만이 아니다. 이런 경우, 손해 배상 청구를 통해 배상을 받을 수 있을까?

변호사 tip

이 사례의 경우, 민사 소송으로 해결할 수 있습니다. 우선 계약한 업체에 마무리 공사를 요청하고 그래도 이행하지 않는다면 새로운 업체를 선정해 공사를 마무리할 수 있습니다. 이때 민사 소송에서는 새로운 업체에 지급한 공사비와 공사 지연으로 인한 영업상 손해를 기존의 인테리어 업체에 청구할 수 있습니다. 그런데, 영업상 손해를 증명하는 것이 상당히 어렵습니다. 따라서 계약서를 작성할 때, 공사 지연 시 1일당 배상할 손해 액수를 미리 정해두는 것도 좋습니다.

이 사례에서도 알 수 있듯이 '돈은 힘'입니다. 돈을 모두 지급해 버리면 힘을 잃게 되는 것과 같습니다. 그렇게 되면 인테리어 업자에 질질 끌려가는 상황이 발생할 수 있습니다. 그래서 우리 민법은 '동시이행' 제도를 두고 있습니다. 예를 들면 부동산을 사고 팔 때 잔금을 주는 것과 동시에 등기에 필요한 서류를 넘겨주는 것입니다. 인테리어 공사도 마찬가지입니다. 선금, 즉 계약금과 중도금을 너무 많이 주는 것은 발주자의 발언력이 낮아질 수 있으니 공사한 만큼 지급하거나 조금 덜 지급하는 것이 좋습니다. 그리고 잔금은 공사가 다 끝난 후 하자수리까지 한 다음에 지급하는 것이 가장 좋습니다. 추가 하자를 담보하기 위해 잔금 중 일부를 떼어서 완공 후 일정 기간 이후까지 하자수리비를 거기서 충당하고 돌려주는 방식도 있습니다.

여러 사례를 통해 살펴봤듯이 인테리어와 관련해서는 이해당사자가 많다. 그렇다 보니 생각지도 않은 곳에서 분쟁이 발생하기 일쑤다. 따라서 가게를 시작할 때는 잠시 빌리는 것이라 생각하는 것이 마음 편하다. 가게 인테리어에 너무 공을 들이다 보면 비용도 비용이지만 나중에 가게를 비우고 나갈 때 소요되는 원상복구비도 적지 않기 때문이다. 거기다 상실감까지 겪어야 하니 적당한 거리 유지가 무엇보다 필요하다. 또한 원상복구를 위한 비용도 시설물 설치 정도에 따라 몇백만 원은 우습게 넘는 경우도 많다. 이를 미연에 예방하기 위해서는 계약할 때 임대인과 충분히 상의해 인테리어 공사 범위와 원상복구 여부를 확실히 정하고 이를 계약 내용에 포함시켜야 한다. 더불어 계약서에 내용을 넣어 작성을 했다고 하더라도 건물 내외부에 변경이 많은 경우에는 진행 정도를 미리 임대인에게 이야기 하는 것이 좋다.

인테리어 공사에서 좋은 인테리어 업자를 만나는 것만큼 중요한 것이 바로 모든 계약 내용을 '문서'로 만들어 두는 것이다. 물론 사후 관리에 대한 것도 포함해야 한다. 또한 공사를 인테리어 업자에게만 맡겨 둬서도 안 된다. 역시 '잘되는 가게는 주인부터 다르다'는 말이 그냥 나온 것은 아니다. 가게 주인이 설계부터 진행 과정까지 세세하게 지켜봐야 인테리어 업체에서도 긴장하고 공사를 하기 때문이다. 설계는 제대로 된 건지, 설계된 내용대로 공사는 잘 진행되고 있는지, 기간은 잘 지켜지고 있는지 등 꼼꼼히 살펴보고 사진으로 자료를 만들어 보관해야 나중에 뒤탈이 없다. 결국 모든 책임은 가게 주인인 '자신'이 져야 함을 잊지 말아야 한다.

물론 인테리어 비용에 대한 영수증은 잘 보관해 두어야 한다. 이는 매입세액 자료로 세금 공제 혜택과 다음 임차인에 대한 '설비 권리금' 명목으로 사용할 수 있기 때문이다. 또한 원상복구의 원칙에 의해 상가법이 보호하는 5년의 기간이 끝난 후 원상복구를 할 때, 다음 임차인과의 관계에서 증빙 자료로 사용될 수 있다.

02 개인사업자는 어떻게 되나?

"임대차 계약서와 신분증, 주세요."

인테리어 공사가 한창인 요즘, 철수씨는 가게 오픈 20여 일을 남겨두고 사업자등록을 위해 관할 세무서를 찾았다. 사업자등록 신청서를 작성해 담당 직원에게 서류를 냈더니 '허가증 사본'과 위생교육을 받은 '보건증'을 제출하라고 한다. 미처 준비하지 못한 철수씨에게 담당자는 우선 관할 구청에 가서 영업신고필증을 받으라고 한다. 그러면서 요즘은 구청에서 하던 업무를 보건소 민원실로 바꾼 것이 많다는 이야기도 덧붙인다.

철수씨 같이 커피 외에도 간단한 주류를 판매할 경우 휴게음식점이 아니라 일반 음식점으로 허가를 받는다. 다행히 가게가 1층이라 안전시설이나 현장 확인은 나오지 않는다. 그래도 이리 저리 시간을 보내다 보니 하루가 어떻게 지나갔는지 모를 정도로 정신없이 흘렀다. 가게 오픈 준비를 하다보니 처음 회사에 입사했을 때의 설렘을 다시 느끼는 요즘이다. 가끔 몰라서 스트레스는 받지만 그래도 하나씩 배운다는 즐거움도 크다. 내일은 사업자등록을 위해 세무서에도 다시 가야 한다. 내일이 지나면 이제 나도 내 사업장을 가진 어엿한 사업자가 된다고 생각하니 오늘밤 잠이 잘 올 것 같지 않다.

음식점의 종류와 영업 형태

업종	주영업 형태	부분적 영업 형태
휴게음식점	음식류 조리, 판매	음주행위 금지, 공연 가능
일반 음식점	음식류 조리, 판매	식사와 함께 부수적인 음주행위 허용, 공연 가능
단란주점	주류 조리, 판매	손님 노래 가능, 공연 가능
유흥주점	주류 조리, 판매	유흥접객원 · 유흥시설 설치 허용, 공연 및 음주가무 허용
위탁급식	음식류 조리, 판매	음주행위 금지
제과점	음식류 조리, 판매	음주행위 금지

출처 : 법제처

사업자등록 시, 업종 선택의 중요성

사업자등록증 신청을 위해 업종과 업태를 선택하는데 이는 세금과 직접적인 관련이 있다. 장부비치·기장의무, 세금계산서 또는 계산서 등의 교부 의무도 업종에 따라 세법의 규정이 다르게 적용되기 때문이다. 업종에 따라 세금 부과뿐만 아니라 세액 감면에도 영향을 미친다. 따라서 사업자는 자신이 하려는 가게가 어떤 것인지 정확히 알고 선택해야 한다. 자칫 중요하게 생각하지 않고 넘긴 사소한 일이 연말 부가가치세 신고나 각종 세금 환급 과정에서 부메랑처럼 되돌아 올 수 있다. 그뿐만 아니라 업종 기재를 정확히 하지 않은 상태에서 부가가치세, 소득세, 법인세 신고가 되면 부가가치율, 소득율이 정상적인 비율보다 높거나 낮게 나타나 스스로 의도치 않게 과세당국으로부터 '불성실신고자'로 분류되어 불이익을 당할 수 있다.

얼핏 들으면 누가 그런 실수를 할까 싶지만 의외로 가게의 업종을 잘못 기재해 불이익을 당하는 사례가 적지 않다.

절세를 해야만 남는 것이 생긴다

사업자등록을 마치고 가게 문을 연 지도 어느덧 3개월. 이제 어느 정도 가게도 안정되고 단골손님도 생겨 장사할 맛이 나는 요즘이다. 다들 경기 침체 때문에 어렵다고 하는데 흔히들 말하는 '오픈빨(?)' 덕분인지 매출도 조금씩 오르고 있다. 그런데 자신보다 먼저 치킨집을 하고 있던 옆 가게 사장은 지난 분기 세금 때문에 매출이 올라도 정작 주머니에 들어오는 건 얼마 되지 않는다고 하소연한다. 아직 문을 연 지 얼마 되지 않아 세금까지 신경 쓸 여유가 없던 철수씨는 벌써부터 걱정이 된다.

흔히들 자영업은 재테크보다 세테크가 훨씬 중요하다고 한다. 아무리 열심히 일해도 부가세를 내고 나면 실제 손에 들어오는 돈은 얼마 되지 않는 게 많은 자영업자들의 현실이다. 매번 나가는 세금을 줄인다면 가게 운영에 큰 보탬이 된다. 그렇다고 내야 할 돈을 내지 말고 '탈세'를 하라는 건 아니다. 똑똑하게 '절세'를 하라는 이야기다. 실제로 사업에 성공한 사람 대부분은 세금 관리 능력이 탁월한 사람들이다. 그들은 단돈 10원의 세금도 악착같이 돌려받는다.

물론 처음부터 절세의 달인이 될 수는 없다. 그렇다고 대단한 비법이 있는 건 아니다. 아주 사소한 것 하나를 몰라서 더 내고, 제 날짜를 지키지 못해 더 내는 '연체료'만 줄여도 그게 바로 '절세'가 된다. 여기에 부가가치세 계산 구조를 알면 절세는 더 쉬워진다.

절세의 가장 기본은 매입과 매출 자료를 잘 챙기고 작은 금액도 영수증을 받아 보관하는 것이다. 신용카드매출전표와 지출증빙용 현금영수증, 전화료(휴대폰 포함)와 인터넷 요금 등의 지로청구서와 같이 세금계산서가 아닌데도 매입세액공제를 받을 수 있는 영수증 등 관련 증빙 자료를 꼼꼼히 보관하고 관리하는 것이 중요하다. 이를 월별, 일별로 기간을 나눠 정리하면 편리하다. 간혹 귀찮다고 한꺼번에 모아두고 뭐가 매출이고 매입인지도 모르게 두면 나중에 고생할 수밖에 없다. 일별 구분이 힘들다면 매출과 매입만이라도 구분해서 월별로 정리하는 것만으로도 충분하다.

또한 전문가의 도움을 적극적으로 받는 것이 무엇보다 중요하다. 세금 계산 말고도 신경 써야 할 게 한두 가지가 아닌 자영업자가 혼자 다 해보겠다고 '끙끙'거리는 것만큼 미련스러운 일도 없다. 돈 몇 푼 아끼려다 받지 않아도 될 스트레스만 늘릴 뿐이다. 그러니 고민하지 말고 일단 사업장 가까운 세무서를 찾아가 상담을 받고 필요한 서류를 챙겨 세무사에게 맡기자. 그렇다고 기본적인 세무 지식을 하나도 모른 채 '난 아무것도 모르니 하나부터 열까지 전부 다 알아서 해주세요' 모드는 곤란하다. 아무리 세무사가 다 알아서 처리를 해준다고 해도 잘못 낸 세금은 수정신고를, 억울한 세금은 권리 구제를 받을 수 있다는 정도는 알고 있어야 한다. 다시 말하지만, 절세는 어려운 것이 아니다. 혼자가 힘들면 전문가의 도움을 받으면 된다.

사례 18) 사업자등록을 늦게 신청했어요

회사를 그만두고 식당자영업을 시작한 심씨는 일단 가게를 시작해 손님들의 반응을 본 뒤 사업자등록을 내기로 했다. 그래서 인테리어와 식당에 필요한 집기들을 먼저 사서 장사를 시작했다. 한 달 정도 장사를 해보니 수익성이 꽤 괜찮다고 판단한 심씨는 그제서야 사업자등록증을 발급받았다. 그런데 그 동안 사용한 인테리어 비용이나 구매한 식기 등의 비용은 세금공제가 되지 않는다고 한다. 사업 초기라 들어가는 돈도 많은데 수익이 다 세금으로 빠져나가는 건 아닌지 걱정이다. 심씨가 세금 공제를 받을 수 있는 방법은 없을까?

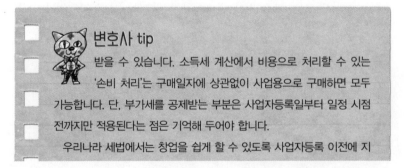

변호사 tip

받을 수 있습니다. 소득세 계산에서 비용으로 처리할 수 있는 '손비 처리'는 구매일자에 상관없이 사업용으로 구매하면 모두 가능합니다. 단, 부가세를 공제받는 부분은 사업자등록일부터 일정 시점 전까지만 적용된다는 점은 기억해 두어야 합니다.

우리나라 세법에서는 창업을 쉽게 할 수 있도록 사업자등록 이전에 지출한 비용의 매입세액 공제를 확대하고 있습니다. 따라서 창업에 필요한 물품을 구매한 후 그 과세기간 말일부터 20일 내에 사업자등록을 하면 됩니다. 그리고 사업자등록일부터 거꾸로 계산해 과세 기간이 시작되는 날까지 구매한 물품에 대한 매입세액은 공제가 됩니다. 예를 들면, 2014년 10월 28일 카페에서 사용할 노트북을 구입했다면, 그 과세기간 말일인 12월 31일부터 20일, 즉 2015년 1월 20일까지 사업자등록이 되었을 때, 그 때부터 그 과세 기간이 시작되었던 2014년 7월 1일까지 사이에 구매한 창업 물품의 부가세가 공제되는 것입니다.

사례 19) 세금계산서를 못받았어요!

의류 소매업을 하고 있는 홍씨는 다른 도매업자보다 좀 더 싼 가격으로 판매한다는 강씨로부터 330만 원(공급대가)어치의 의류를 구입했다. 그런데 강씨는 홍씨의 세금계산서 발행 요구를 거절했다. 홍씨는 세금계산서를 교부받지 못해서 매입세액을 공제받지 못하는 상황에 처하게 되었다. 이 경우 매입세액 공제를 받을 수 있는 방법은 없는 것일까? 카드 매출이 많아 이번 달 매출세액이 높게 나와 매입세액을 꼭 공제받아야 한다.

변호사 TIP

걱정 안 하셔도 됩니다. 이런 경우를 대비해 '매입자 발행 세금 계산서' 제도가 마련되어 있어 매입 세액 공제를 받을 수 있습니다. 사업자가 세금계산서를 받지 못했다면 매입자 발행 세금계산서를 발행할 수 있습니다. 하지만 조건이 있습니다. 상대방은 일반 과세자여야 하고, 금액이 거래 건당 10만 원 이상, 500만 원 이하여야 하며, 월 두 건을 초과해서 신청할 수 없습니다.

절차는 거래 발생일 15일 이내에 관할 세무서에 거래에 관한 증빙 자료를 첨부해 신청하면 됩니다. 혹시 모르니 모든 거래 때마다 거래상대방의 인적 사항, 거래 내역, 대금 입금에 관한 증빙을 잘 챙겨두는 것이 좋겠죠. 당연히 상대방은 세금을 탈루한 것이라서 세무 조사와 세금 추징이라는 응징을 받을 것입니다.

사례 20) 부가가치세 신고 쉽게 할 수 없나요?

5월에 음식점을 시작한 정씨는 7월에 부가가치세 신고를 해야 한다. 가게를 시작한 지 얼마 되지 않아 세금까지 알아서 처리하려고 하니 정신도 없고 걱정도 된다. 처음에는 영세해서 세무사에 기장을 맡기지 않고 혼자 모든 일을 해보자고 다짐했던 터다. 그런데 막상 혼자 하려고 이리저리 알아봐도 도통 어떻게 해야 할지 모르겠다는 정씨. 어떻게 하면 정씨가 보다 쉽게, 보다 적게 부가가치세를 낼 수 있을까?

변호사 tip

보통 창업을 하면 두 가지 세금을 내게 됩니다. 하나는 '부가가치세'이고, 다른 하나는 '소득세'입니다. 부가가치세는 1년에 4번을 내는데 개인사업자의 경우 전반기 분을 7월 25일에, 후반기분을 1월 25일에 신고 납부를 해야 하고, 세무서가 4월 25일, 10월 25일에 추정해서 부가세를 예정고지 합니다. 소득세는 1년간 소득에 대해 그 다음 해 5월 31일까지 신고 납부해야 합니다. 이 기간을 지키지 못하면 가산세를 물게 되니 날짜를 잊지 말아야 합니다.

세금은 이런 것 말고도 세율, 손비, 매입세액 공제 등 용어도 어려울뿐더러 자주 바뀝니다. 그러니 창업 초기에 매출이 적고 본인이 세무 지식이 있다면 스스로 세무 업무를 하는 것도 괜찮지만, 매출이 늘기 시작하는 경우에는 전문가에게 도움을 청하는 것이 좋습니다. 세무사 수수료도 간이과세자면 월 5만 원, 매출액 3억 원 미만이면 7~10만 원 선이니 장부 정리할 시간에 설렁탕 몇 그릇 더 파는 게 낫겠죠?

공동 창업

경기가 좀처럼 회복되지 않는 요즘, 창업을 시작하기 위해서는 평소보다 더 큰 두려움을 느낄 수밖에 없다. 이러한 두려움을 해소하기 위해 동업 혹은 공동 창업의 방식으로 창업하는 경우가 부쩍 늘어나고 있는 추세다. 그러나 잘 알려져 있듯이 동업은 절대 쉬운 일이 아니다. 오죽하면 '친한 사이일수록 동업은 하는 게 아니다.'라는 말까지 있을까. 그만큼 동업을 하게 되면 분명 득도 있겠지만 실이 더 큰 경우가 많다. 소규모 창업일 경우에는 오히려 혼자 시작하는 것이 낫다.

그럼에도 불구하고 꼭 동업을 하고자 한다면 이것만 명심하자. 대부분 친한 지인들 혹은 친인척 간에 하는 경우가 많은 동업의 특성상 무엇보다 서로 마음을 상하지 않게 하는 것이 중요하다. 공동 창업을 하고 싶다면 분쟁을 최소화하기 위해 '공동계약서'를 작성하는 것도 하나의 방법이다. 계약서에는 각자 역할과 업무 내용, 업무에 대한 책임 소지, 분쟁 발생 시 대처, 사업 폐업 시 업무 처리까지 자세한 내용을 담아야 한다.

사례 21) 공동 창업

골프용품 판매점을 시작한 A씨는 사업자금이 부족해 동생 친구인 B씨의 투자를 받았다. 그리고 동시에 동업계약서를 작성했다. 그런데 A씨는 사업을 시작하기 전에 다른 용도로 C씨로부터 빌린 돈이 있었다. 그러다 B씨의 투자금을 받은 시점에 C씨의 독촉을 견디다 못해 B씨에게 말을 하지 않고 C씨의 채무를 갚고 말았다. C씨가 갚지 않으면 카드대금을 가압류 하겠다고 엄포를 놓았기 때문이다.

그런데 차후에 이 사실을 안 B씨는 사업자금 외에 투자금을 사용했다며 A씨를 고소하겠다고 난리를 피우고 있다. 앞으로 A씨는 어떻게 되는 것일까?

변호사 tip

큰일 났습니다. 횡령죄가 될 수 있습니다. 이 돈을 우선 다시 영업통장에 입금시키는 것이 좋겠습니다. 왜냐하면 동업사업이라면 영업을 위한 입출금이 아닌 한 동업자들 사이에 합의를 해서 자금을 지출하지 않으면 횡령이 될 수 있습니다. A씨 입장에서는 억울할 수도 있을 겁니다. C씨가 카드회사로부터 받을 대금을 가압류 한다고 하면서 협박해서 영업을 위해서 어쩔 수 없었다는 등의 사정이 있을 수 있겠죠. 하지만, 카드대금이 가압류되어 들어오지 않으면 제품을 구매할 수 없었던 사정이 있었더라도 죄가 됩니다. 그리고, 횡령한 돈을 다시 영업통장에 입금했다고 하더라도 처벌 수위가 낮아질 뿐 죄가 없어지는 것은 아닙니다. 동업 관계라면 장부 정리도 잘해 놓아야 합니다. 만약 횡령죄로 고소당하면 장부상 모자란 돈을 모두 횡령했다고 누명을 쓸 수 있습니다. 쓰지도 않은 돈으로 의심받고 처벌받으면 억울하겠죠.

사례 22) 동업 실패 후 사업장 정리는?

이씨는 요즘 캠핑이 트렌드라는 친구의 말에 함께 캠핑사업을 시작했다. 다니던 직장을 그만둔 이씨는 사업에 필요한 자금도 투자한 상태다. 그런데 사업을 시작한 지 얼마 되지 않아 캠핑 가게는 문을 닫게 되었다. 결국 요즘 유행하는 사업 아이템이라는 친구의 말만 믿고 캠핑 사업에 돈을 투자했다가 투자금을 모두 잃은 상황이다.

끝내 파산 신고를 하게 된 이씨는 함께 동업을 한 친구에게 사업차 마련한 용품들을 처분해 일부라도 나누자고 제안했다. 그러나 친구는 미련을 버리지 못하고 용품을 처분하지 않겠다고 고집을 피운다. 고가의 제품이 많아 하루라도 빨리 처분하고 싶은 이씨. 엎친 데 덮친 격으로 동업자인 친구는 사업자금을 돌려주지 않겠다고 한다. 이씨는 어떻게 해야 전부가 아닌 투자금의 일부만이라도 돌려받을 수 있을까?

 변호사 tip

이씨는 동업자금을 투자한 것이기 때문에 투자자금을 모두 회수할 수는 없습니다. 하지만, 손익을 정산해서 본인 부담금 보다 많이 투자했다면 친구에게 돌려받을 권리가 있습니다. 그러나 친구가 파산했기 때문에 현실적으로 투자금을 돌려받을 방법은 없어 보입니다.

이처럼 동업이 끝나면 정산할 일만 남게 됩니다. 이때 정산은 동업계약서에 정한 정산 방식에 따라야 합니다. 즉, 동업자가 투자한 돈은 그대로 반환되는 것이 아닙니다. 정산 방식을 특별히 정하지 않았다면, 사업 기간 동안의 손익을 계산한 다음, 분배되지 않은 수익이 있다면 지분 비율대로 분배되어야 합니다. 그러나 보통 동업이 끝나는 경우는 사업이 안 되는 경우라서 손실이 남게 됩니다. 이 손실금도 지분 비율별로 부담을 하게 됩니다. 이미 투자한 돈이 분담할 비용을 넘는다면 동업자에게 그만큼 반환 받을 권리가 있습니다.

* 다만 계약갱신청구권은 환산보증금 금액에
  관계없이 보호받고 있습니다.

4장

가게 주인으로
사는 법

가게 주인으로
사는 법

가게 주인으로 사는 법

가게 시작한 지도 어느 덧 6개월. 처음 했던 실수도 하나 둘 줄어들며 이제 제법 가게 일도 손에 익고 '사장님' 소리도 처음보다 어색하지 않게 되었다. '내 가게'라는 생각이 드니 일하는 것도 재미있고, 내가 열심히 한 만큼 사람들도 알아주는 것 같아 힘든 줄도 몰랐다.

그렇게 나만 잘 하면 다 잘 될 거라고 생각했는데 얼마 전부터 예기치 않은 곳에서 문제들이 하나씩 생기기 시작했다. 어느 정도 일이 익숙하다 싶으면 그만 두는 아르바이트생, 커피를 마시다 뜨거운 커피에 손이 데인 손님 등. 이제는 '사장님~' 소리만 들려도 덜컥 겁부터 난다. 청소부터 고객 응대까지 무엇 하나 철수씨의 손을 거치지 않고서는 해결되는 일이 없다. 때로는 일의 고단함 때문에, 때로는 모든 걸 책임져야 하는 책임감 때문에 점차 격정이 늘어가는 철수씨. 사장으로 살아가는 게 그리 만만치 않은 일임을 새삼 느끼는 요즘이다. 다른 사장님들도 자신만큼 힘이 드는지 어디 가서 허심탄회하게 이야기라도 나누고 싶은 심정이다. 장사를 한다는 것은 단순히 물건을 파는 일에서 끝나는 게 아니라 고객 관리, 직원 관리, 매장 관리에 이르기까지 가게 전반에 걸친 모든 일을 의미한다. 직장 다닐 때는 내 가게를 하면 얼마나 좋을까 생각했는데, 새삼 세상에는 무엇 하나 쉬운 일이 없구나를 느끼게 된다.

01 가깝고도 먼 사이, 사장과 직원

가게를 운영하다 보면 늘 좋은 일만 있을 수는 없다. 그 중에서도 '사람'은 언제나 어려운 숙제다. 철수씨도 예외는 아니다. 한창 바쁜 주말에 갑자기 그만둔 아르바이트생 때문에 몸도 힘들지만 그보다 서운한 마음이 앞서는 건 어쩔 수 없다. 처음 뽑을 때만 해도 오래 근무할 수 있다고 호언장담하더니 갑자기 연락도 없이 그만두다니. 그리고는 전화로 2주간 일한 금액을 보내달라고 한다. 물론 주어야 하는 돈이지만 괜히 얄미운 마음에 선뜻 주고 싶지 않은 마음까지 들 정도다. 한두 번도 아니고 철수씨는 반복되는 아르바이트생 문제를 어떻게 해결해야 가게를 안정적으로 운영할 수 있는지 그 노하우가 궁금해 여기저기 물어보기도 했다.

하지만 별 다른 뾰족한 수가 없다는 대답만 듣게 된 철수씨. 아직은 아르바이트생이 갑자기 그만두면서 생기는 불이익을 업주가 감수해야 하는 상황이다. 오히려 얄밉다고 임금을 주지 않으면 처벌받는다. 따라서 이런 경우 방법은 오로지 하나다. 갑자기 아르바이트생이 그만두는 것에 대비해 혼자서도 해낼 수 있는 1인 시스템을 만들어 두는 것이다.

사례 23) 갑자기 그만 둔 아르바이트 학생

홍대에서 바를 운영하고 있는 윤씨. 3년 정도 같은 장소에서 가게를 운영하다보니 단골도 많고, 매출도 안정적인 편이다. 그런데 문제는 아르바이트생이 자주 바뀐다는 것. 시급을 올려줘도 6개월 이상 일을 하는 아르바이트생이 없다. 이로 인해 윤씨가 받는 스트레스는 이만저만이 아니다. 이번 아르바이트생도 일한 지 2개월도 되지 않아 갑자기 출근을 하지 않았다. 처음에는 최소한 6개월은 다닐 수 있다고 했는데 다른 사람을 구할 시간도 주지 않고 출근을 안 하니 윤씨로서는 어떻게 해야 할지 몰라 당황스럽다. 앞으로도 이런 일이 계속 생길 텐데 어떻게 해야 할까?

변호사 tip

아마도 떠난 아르바이트생은 다시 돌아오지 않을 것입니다. 원칙적으로 근로 의무는 기간을 정했으면 그때까지, 정하지 않았으면 해지 통보 후 1개월이 될 때까지 일을 해야 합니다. 그러나 기간이 남았어도 일하기 싫어서 안 나오는 사람을 억지로 잡아와 일하게 할 수는 없습니다. 그게 가능하면 노예제도죠. 그럼 근로계약서에 위약금을 물도록 정하면 어떨까요? 쉽게 그만두지는 못하겠죠. 심리적으로 효과는 있을 겁니다. 하지만 법적으로는 소용이 없습니다. 근로기준법에서는 근로자와 위약금 약정을 못하도록 하고 있기 때문입니다. 위약금 약정을 하면 벌금형으로 처벌될 수도 있습니다. 그럴더라도 아르바이트생에게 위약을 이유로 손해 배상금을 청구할 수는 있습니다. 그러나 그 금액은 아주 미미하거나 없을 겁니다.

따라서 근로계약서에 근로기간을 반드시 명시하고 아르바이트생이 갑자기 그만두지 않도록 잘해주는 것이 좋습니다. 이것 이상 더 좋은 답은 없을 것 같습니다.

사례 24) 월급이 3개월 밀렸어요

피아노학원을 운영하고 있는 조금만씨는 최근 경제사정이 여의치 않아 직원들의 월급을 밀리게 되었다. 미안한 마음에 직원들에게는 조금만 기다려 달라고 부탁을 한 상태다. 그런데 사정이 계속 나빠지면서 끝내 3개월치 월급을 밀리게 되었다. 계속 약속이 지켜지지 않자 직원들은 급기야 조씨를 고용노동부에 신고하기에 이르렀다. 가뜩이나 생활비도 없어 힘든 조씨는 덜컥 겁도 나고 야속한 마음도 든다. 조씨가 직원들과 원만하게 해결 할 수 있는 방법은 없을까?

변호사 tip

아무리 노력해도 월급을 줄 방법이 없다면 근로자에게 체당금 신청을 도와주는 조건으로 고소 취하를 유도해 보세요. 체당금은 국가가 체불임금 중 일부를 대신 주는 제도입니다. 통상 근로자 입장에서 일부라도 받게 되면 처벌까지 해달라고 모질게 하지는 않습니다. 체당금이 지급되면 국가는 조씨에게 구상(상환청구)하게 됩니다.

원칙적으로 퇴직금을 포함한 임금은 퇴직 후 14일 이내에 전액 직접 지급되어야 합니다. 그렇지 않으면 조씨처럼 고용노동부에 진정당하고 검찰에서 임금체불 혐의로 기소됩니다. 체납액이 적으면 벌금, 아주 많으면서 악덕이면 징역형까지 선고되기도 합니다. 그러니 임금은 지출비용의 최우선 순위가 되어야 할 것입니다.

사례 25) 배달을 하다 발생한 오토바이 사고

인천에서 피자집을 하고 있는 윤씨는 배달하는 아르바이트생들에게 조심하라고 당부했지만 사고가 나고 말았다. 아르바이트생이 오토바이를 타고 배달을 하다가 교통사고로 갈비뼈가 부러져 입원을 한 것이다. 이런 경우 어떤 절차를 거쳐서 보상해 줘야 하는가?

변호사 tip

업무상 발생한 재해이니 산재입니다. 가까운 근로복지공단 지사에 산재신청을 하면 됩니다. 치료비, 치료기간 월급의 70% 등을 지원해 줍니다. 근로자 수가 아주 적다구요? 상시근로자 1명 이상 고용하는 모든 사업장에 산재보험은 적용되는게 원칙입니다. 보험공단에 보험료를 내지 않았다구요? 그래도 산재보험이 적용됩니다. 아예 근로관계를 신고 안했어도 마찬가지입니다. 다만, 미납한 보험료는 추후에 납부해야 합니다.

산재보험은 아르바이트생이 입은 손해를 전부 보상해 주지는 못합니다. 만약 윤씨가 제공한 오토바이의 하자로 인해 사고가 나서 산재로 보상받지 못한 손해는 피자집 사장 윤씨가 더 지급해야 합니다.

사례 26) 사업장 내 직원 성희롱

철수씨 가게 지하에서 Bar를 하는 유쾌한씨는 최근 성희롱으로 경찰 조사를 받았다. 유쾌한씨는 억울하다며 항변했지만 결국 자신의 잘못을 인정하고 사과한 뒤, 합의를 했다. 얼마 뒤 철수씨가 유씨에게 어떤 일이 있었는지 물어보자 Bar에서 일하는 직원에게 '오늘 섹시하다, 분위기 좋다.'라고 몇 마디 했다고 한다. 간혹 손님들도 같은 이야기를 하기 때문에 괜찮을 줄 알았다는 것이 유씨의 변이었다. 하지만 유씨는 고용인이 직원에게 이런 식의 이야기를 하면 성희롱이 된다고 한다. 대수롭지 않게 한 말이 성희롱이 되다니 철수씨는 직원을 대하는 태도에 대해 돌이켜보며 다시 한 번 말과 행동을 신경써야겠다고 생각하게 되었다.

변호사 tip

유쾌한씨는 육체적 접촉이 없어 성범죄에 해당하지 않지만, 남녀고용평등과 일·가정 양립 지원에 관한 법률에서 금지하는 직장내 성희롱에는 해당돼 과태료를 내야 합니다. 나아가 유쾌한씨는 직원이 고객들에게 성희롱 당했다며 조치를 요구하면 조사 후 적절한 조치를 해줘야 합니다. 유쾌한씨는 직원 간 성희롱을 알게 되었더라도 지체 없이 징계 등 조치를 취해야 합니다. 요즘 성희롱과 관련해 엄하게 처벌하는 것이 사회적 분위기니 사장님들은 신경 많이 쓰셔야 합니다.

02 사전고지의 중요성, 매장과 손님

가게가 안정되고 나니 또 다른 문제가 발생했다. 가게에 온 손님이 커피를 마시다 매장 안에서 커피를 엎질러 손이 데였는데 보상을 요구하는 것이다. 손님은 제대로 된 보상을 하지 않으면 소송을 할 거라고 엄포를 놓는다. 가게 이미지도 있고 혹시나 손님이 SNS를 통해 가게를 비방하거나 억지 글을 올리지나 않을까 걱정도 된다. 사실 사람들은 사실관계 여부와 상관없이 SNS에 올라온 내용만 보고 믿어버리는 경우가 많기 때문이다. 이런 경우 어떻게 대처해야 옳은지 판단이 서지 않는다.

'뭐든지 초기 대응이 가장 중요하다'는 지인의 말. 그러나 큰 일이 아니라고 생각한 철수씨는 대수롭지 않게 생각했다. 한창 바쁜 시간이라 병원을 같이 가지 못해 초기 대처도 미흡했다. 손님은 이 일 때문에 마음이 더 상한 것이다. 어떻게 그렇게 대처할 수 있느냐며 자신은 커피에 데어 일을 못하고 있다고 거액의 손해 배상을 해달라고 주장한다. 그렇게 하지 않으면 소송을 걸겠다는 것이다.

사례 27) 가게 강아지에게 손이 물린 손님

홍대 앞에서 카페를 하고 있는 서운해씨는 사랑하는 강아지와 매일 같이 출근한다. 오늘도 다른 날과 다름없이 강아지에게 밥을 주고 화장실 청소를 했다. 그 사이 가게를 찾은 손님은 강아지가 예쁘다며 만지다 손을 물리고 말았다. 손님은 이 일로 손이 5mm 정도 찢어졌다. 서운해씨는 즉시 병원으로 손님을 데리고 가서 치료를 받게 했다. 물론 미안하다고 사과도 하고 병원비 일체를 부담하겠다고 약속했다. 하지만 손님은 정신적 피해 보상까지 수백만 원을 요구한다. 초기 대응도 열심히 했고 진심어린 사과도 했는데 손님이 이렇게 나오니 몹시 서운한 서운해씨는 앞으로 어떻게 대응을 해야 하는 것일까?

변호사 tip

우리나라는 미국처럼 손해 배상금이 많지 않습니다. 소송을 해보면 실제 손해보다 더 적게 인정되는 경우가 태반입니다. 위자료? 글쎄요. 법원이 통상 사망한 사건에서 위자료 8,000만 원을 최대로 보고 있으니 손이 조금 찢어진 정도면 아주 미미하겠죠. 그런데다가 괜히 강아지가 손을 물진 않았을 테니, 손님에게도 조심을 하지 않은 잘못, 즉 과실이 없다고 볼 수 없습니다. 과실 상계란 이름으로 20~30% 정도

깍일겁니다.

제 생각엔 진심어린 사과와 치료비, 수십만 원의 위자료면 족해 보입니다. 만약 손님이 이 사실을 SNS에 유포한다면 개에게 물린 것이 사실이라도 명예 훼손죄가 될 수 있습니다.

반면에 미국은 높은 손해 배상금을 지불하고 있습니다. 실제로 미국에서 있었던 '맥도날드 할머니 사건'은 맥도날드에서 뜨거운 커피를 샀던 할머니가 다리를 데인 사건인데요. 당시 맥도날드는 치료비 16만 달러보다 훨씬 많은 286만 달러를 배상했습니다.

사례 28) 키즈카페에서 놀다 다친 어린이

윤철씨는 부인과 함께 신도림에서 키즈카페를 운영하고 있다. 키즈카페는 아이들이 사용하는 공간이기 때문에 안전과 위생에 유난히 신경을 쓴다. 특히 매장에 있는 놀이기구나 아이용품 관리에는 유난히 공을 들인다.

그런데 어느 날, 6세 남자아이가 유아용 미끄럼틀에서 놀다 미끄럼틀이 넘어지는 사고가 발생했다. 이 사고로 아이는 발이 부러졌다. 아이 부모는 치료비뿐만이 아니라 앞으로 아이가 자라면서 입게 될 후유증에 대해서도 보상을 하라고 요구한다. 그러나 그 보상 범위가 너무 커서 윤철씨가 감당하지 못할 수준이다. 이때 윤철씨는 어떻게 대처 해야 할까?

변호사 tip

상해는 종류에 따라 앞으로의 상태를 예측하기 어려울 수 있습니다. 특히 아이들의 경우에는 더더욱 그렇습니다. 위 사례처럼 발이 부러진 경우에는 우선 병원 진료를 통해 병의 진행 과정과 치료 방법을 예측해야 할 것 같습니다. 이를 정확히 확인하기 위해 피해자에게 병원에서 발급한 향후 치료비 추정서를 요청하시면 좋습니다.

통상 많은 분들이 잘못 알고 있는 것 중 하나가 '경고 문구'에 대한 내용입니다. 경고 문구가 있으니 사업주는 책임이 없다고 생각하는데, 배상액수를 조금 줄일 수는 있어도 책임이 면제되는 것은 아닙니다. 실내 미끄럼틀의 경우, 어린이가 넘어지지 않도록 안전장치를 충분히 하거나 안전 관리자가 안전을 관리하고 있었어야 합니다. 그러니까 보험에 가입해 두는 것이 좋습니다. 사고가 발생하면 피해자는 매우 감정적이 되기 쉽습니다. 그렇기 때문에 대응하기가 여간 어려운 게 아닙니다. 이런 경우 보험 처리를 하면 보험회사가 사고조사, 증거수집, 피해액 확인, 피해자와 협상, 피해금 지급 등 관련 일을 처리해 줍니다. 그리고 영업 활동 중 발생한 손해 배상 책임을 보상하는 보험도 있으니 참고하면 좋겠습니다.

사례 29) 원인 미상의 매장 화재 사고

신씨는 강남에서 유명 여성의류 브랜드의 위탁 대리점을 운영하고 있다. 그러던 중 지난 8월 새벽, 매장에 화재가 발생해 재고상품 전체와 가구, 집기비품 등이 모두 불에 타는 사고가 발생했다. 불길은 옆 건물까지 번져 옆 건물 일부를 태운 후에야 꺼졌다. 또한 이 화재로 인해 매장에서 야근을 하던 직원 1명이 사망했다.

당시 출동한 소방서와 경찰서 관계자에 따르면 화재의 발화점을 생수용 냉온수기 부근으로 추정했다. 추후 국립과학수사연구원에서 냉온수기의 외부 전선에 합선된 흔적을 발견했지만 화재의 정확한 원인은 알 수 없다는 공식 감정의견을 내놓았다.

🐱 변호사 tip

우선 고인의 명복을 빕니다. 이 사례처럼 화재는 순식간에 일어나 큰 피해를 입힙니다. 또한 불길에 증거도 다 타기 때문에 정확한 화재 원인도 밝히기가 어려운 것이 현실입니다. 이 사례도 결국 원인미상의 화재로 남게 되었습니다. 화재의 원인이 누구에게 있는지 규명됐다면 규명된 대로 원인 제공자가 책임지는게 당연합니다. 하지만 이처럼 원인 미상의 화재인 경우, 원인 규명 책임(=입증 책임)이 누구에게 있느냐에 따라 보상의 책임자도 달라집니다.

우선, 임차인과 임대인의 관계에서는 임차인이 화재 원인이 본인과 관련 없다는 것을 증명할 책임을 지게 됩니다. 이 둘 사이에는 임대차 계약이 있고, 임차인은 임대차 계약에 의해 점포를 관리할 책임을 지고 있기 때문입니다. 관리 책임을 다했다는 것은 임차인이 증명해야 하는 것입니다. 그런데, 국과수도 모르는 원인 미상 화재이니 임차인이 책임져야 합니다. 그리고 고인이 된 직원에 대해 장례비는 산업재해로 보상을 하고, 소정의 위로비를 지급하면 됩니다.

반대로 옆 건물 소유주와의 관계에서는 옆 건물 소유주가 화재 원인이 임차인과 관련이 있다는 것을 증명할 책임을 지게 됩니다. 이 둘 사이에는 계약관계가 전혀 없습니다. 그러니 화재가 난 건물의 임차인이 옆 건물주에게 어떤 계약상 의무를 부담하지 않습니다. 따라서 손해 배상을 청구하는 측(옆 건물주)이 상대방에게 책임이 있다는 것을 입증해야 하는 것입니다. 이 사건의 경우는 국과수도 모르는 원인 미상 화재이니 안타깝지만 옆 건물주는 아무런 배상도 받지 못합니다.

이렇듯 '입증 책임'이라는 것 때문에 화재사고는 각각의 사건마다 결론이 다릅니다. 마지막으로 '화재보험'은 아무리 강조해도 지나치지 않습니다. 가게를 시작하기 전에는 설사 당장 필요하지 않다고 생각되더라도 꼭 화재보험에 가입하시기 바랍니다.

사례 30) 목욕탕에서 미끄러졌을 때

윤씨는 인천의 한 동네에서 목욕탕을 운영하고 있다. 최근 목욕탕을 이용하던 노인이 미끄러져 뇌진탕과 목뼈를 다치는 사고가 발생했다. 목욕탕은 여러 사람이 이용하는 곳이고 비누거품 등으로 인해 종종 미끄러지는 사고가 발생하기 때문에 각별한 주의를 요구한다. 그래서 윤씨도 미리 목욕탕 곳곳에 '미끄럼주의'라고 붙여 놓고 이용하는 사람들의 주의를 당부한 상태였다. 그런데 노인은 유난히 자신이 넘어진 곳이 미끄러웠다고 주장하며 자신은 충분히 주의를 했음에도 이런 사고가 발생했다고 말한다. 그러면서 윤씨에게 목욕탕 관리 소홀을 이유로 보상을 요구하고 있다. 노인이 요구하는 금액이 윤씨가

가입한 보험의 보험료보다 많아 어떻게 해야 할지 고민이다. 윤씨는
어떻게 해야 하는 걸까?

변호사 tip

참 애매한 사건입니다. 우선 미끄럼주의란 경고문구만으로 윤
씨의 책임이 100% 없어지지 않습니다. 단지 어느 정도 책임이
줄어들 수는 있습니다. 그리고 미끄러진 원인이 비눗물같이 미끄러운 것
이었다면, 당연히 업주의 책임입니다. 그럼 비눗물도 없는데 물기에 미
끄러져 넘어졌다면, 제 개인적인 생각으로는 윤씨의 책임이 없다고 결론
내리고 싶습니다. 공중 목욕탕은 당연히 물기가 있기 마련입니다. 따라
서 사용자가 충분히 주의를 했어야 하는 거죠. 관리자가 목욕탕 손님 모
두를 일일이 부축하며 다닐 수는 없기 때문입니다. 물론 바닥에 미끄럼
방지 타일이 제대로 설치되어 있다는 전제에서 입니다. 만약 미끄럼 방
지 시설이 제대로 설치되지 않았다거나 관리가 안 되었다면 업주가 책
임을 져야 합니다. 다만 손님의 과실도 크기 때문에 전체 손해액 중에
60~70% 이하를 책임질 가능성이 높습니다.

자영업을 하는 많은 분들이 갖고 있는 오해 중 하나가 '사전고지'입니
다. 사전에 미리 알렸으니 이로 인해 생기는 불상사는 모두 손님 책임이
라고 여기는 경우가 많습니다. 그러나 사전고지가 면죄부가 되는 것은
아닙니다. 법원은 업주의 주의의무를 상당히 높게 요구합니다. 예를 들
어 래프팅 강습의 휴식시간에 강습자가 다이빙 금지 표지판이 부착된 곳
에서 다이빙을 하다 사망을 한 경우, 비록 책임 비율은 낮지만 업주의 책
임을 일부 인정한 판례가 있습니다. 또 다른 예로 에스컬레이터에서 장
난치다 생긴 사고에서도 대부분 설치자의 책임을 묻고 있습니다. 따라서
업주는 사전고지는 물론 매장 내 위험 요소를 최소화하고, 만약 발생할
지도 모르는 사고에 대비해 보험을 가입해 두는 것이 좋습니다.

사례 31) 실수로 미성년자에게 술을 판 경우

P씨는 얼마 전, 가게에 온 미성년자에게 술을 판매했다는 이유로 2개월간 영업 정지를 받았다. 물론 신분증을 확인하지 않은 P씨의 잘못이기는 하지만 손님이 전혀 미성년자로 보이지 않았다고 말한다. 좀 어려 보이는 손님은 신분증 확인을 하지만 그렇지 않은 경우 매번 확인하기도 쉽지 않다고 P씨는 말한다. 게다가 경찰에 신고한 사람이 경쟁관계에 있는 앞 가게 주인인 것 같아 더 속상하다. 어쨌거나 2개월간 장사를 못 할 것을 생각하니 매우 속이 상한 P씨. 그 기간 동안 손실을 생각하면 마음이 편치 않다.

변호사 tip

현행법은 청소년에게 주류를 제공하면 그 제재가 아주 강합니다. 식품위생법에 의해 청소년에게 주류를 제공하면 영업 정지를 당하고, 청소년보호법에 의해 별도로 형사 처벌을 받게 됩니다. 또한 영업 정지는 위반 횟수에 따라 가중되는데, 법령상 기준을 보면 1회 위반 시 2개월, 2회 위반 시 3개월, 3회 위반 시 영업 취소 처분을 받습니다. 처벌은 통상 벌금형에 처해집니다.

청소년이란 만 19세 미만자를 말하는데 그중 19세가 되는 해의 1월 1일을 맞이한 사람은 제외됩니다. 아무리 바빠도, 성숙해 보여도, 손님들이 귀찮아해도 처벌이 아주 강하기 때문에, 그리고 건강한 우리 미래 세대를 위해 신분증 검사는 꼭 해주세요.

앞의 사례들처럼 가게를 운영하고 사업자가 되면 크고 작은 사고를 겪을 수 밖에 없다. 때로는 개인이 해결하기 어려워 변호사의 도움이 필요하기도 하고 더 나아가 법적 분쟁까지도 감수해야 한다. 소송에 휘말리면 그에 대한 과정도 감내해야 하지만 그것보다도 더 큰 어려움은 장사에 집중할 수 없다는 것이다. 이는 자연스럽게 매출에도 영향을 미친다. 더욱이 이로 인한 정신적 스트레스도 피해 갈 수는 없다.

그러나 이런 사고를 미연에 방지하기란 여간 어려운 게 아니다. 그 중에서도 사전고지와 충분한 안전시설 설치는 기본 중의 기본이다. 여기에 사고 발생 시 순발력 있게 대처하는 것도 중요하다. 철수씨처럼 뜨거운 커피를 마시다 손이 데인 경우, 영수증 혹은 컵에 주의에 대한 부분을 명시하고 매장 내 '미끄럼 방지' 표시를 통해서 손님에게 알리는 것이 좋다. 유사한 사례로 불을 사용하는 고깃집에서는 직원들이 구두로 '뜨거우니 조심하세요~'라고 말해주는 것이 좋다. 이런 작은 것들이 실제 사고가 났을 때, 배상금액을 줄일 수 있기 때문이다. 따라서 인테리어의 심미성을 해치지 않고 위화감을 조성하지 않는 범위 내에서 충분한 사전고지를 해야 한다. 또한 사업을 시작할 때, 적은 금액으로 들 수 있는 손해 보험에 가입하는 것도 현명한 방법이다.

간혹 나쁜 목적으로 일부러 다쳐 돈을 뜯어내거나 무전취식을 하는 등의 손님이 있을 수도 있다. 이런 경우를 미연에 방지하기 위해 최근에는 보안업체와 연결된 CCTV 설치도 많이 하는 추세다. CCTV, 즉 폐쇄회로가 객관적인 증거가 될 수 있어 유용하게 사용할 수 있다.

03 때로는 파트너, 때로는 채무관계 '거래처'

장사를 하다 보면 가족보다 더 많이 만나게 되는 사람들이 바로 거래처 사람들이다. 그러다 보니 가족도 잘 모르는 서로의 속사정을 알기도 하고 힘들 때는 도움을 주고받기도 한다.

최근 오랜 장마와 휴가철로 매출이 줄어든 철수씨. 반토막이 나는 정도가 아니라 반의 반토막이 난 상황이다. 하루 종일 텅 빈 가게를 지키는 날도 많아졌다. 급기야 월세 낼 돈이 없어 카드로 월세를 내고 있다. 그러다 보니 대출금 이자와 카드 값을 내느라 통장 잔고도 바닥나기 일보직전이다. 음식을 만들 재료도 겨우겨우 사는 정도고 음료와 맥주를 결제할 금액도 부족하게 되었다.

결제하러 온 주류상사 직원에게 물으니 요즘 다들 그렇단다. 처음 사업을 시작할 때 계획을 치밀하게 세운다고 세웠지만 장사를 하면 할수록 예상치 못한 변수들이 생긴다. 날씨를 미리 점치는 것이 쉬운 일은 아니다. 손님이 손님을 몰고 온다는 말도 있다. 어쩌다가 한두 테이블이라도 손님이 있는 날이면 자리가 채워지지만 손님이 없을 때는 한두 테이블 채우기도 힘들다. 이러다가는 모든 것을 망칠 수도 있다는 생각에 다른 가게들을 둘러보기도 했다. 물론 손님이 없는 가게도 있었지만 꽉 찬 가게도 있는 걸 보며 자신의 가게 운영에 문제가 있는 건 아닌지 걱정이 된다.

사례 32) **상한 식자재를 공급한 거래처**

신씨는 샌드위치 전문점을 운영하고 있다. 먹거리를 다루다 보니 다른 것보다 위생에 대해 누구보다 신경을 많이 쓰는 그는 특히 야채의 신선도에 민감하다. 다른 식재료에 비해 상하기 쉬워 거래처에도 싱싱한 재료로 공급해 달라고 신신당부를 했다. 그러던 어느날 아침, 신씨의 가게에서 샌드위치를 구입한 손님이 야채가 상한 거 같다며 항의를 했다. 급기야 그날 샌드위치를 산 고객들이 배탈이 났다고 한다. 너무 미안하기도 하고 황당하기도 한 신씨는 거래처에 손해 배상 청구를 할 생각이다. 어떤 절차를 밟아야 하는가?

변호사 tip

첫째, 증거와 기록이 무기가 됩니다. 꼼꼼히 적고, 증거를 수집한 자료가 필요합니다. 누가 언제 어떻게 문제가 있다고 연락이 왔는지, 그 전후에 손님이 먹은 음식물은 무엇인지, 병원에 가서 어떤 진단을 받았는지 등등. 되도록 모든 내용을 수집하셔야 합니다. 손님의 불만을 전화로 받기 보다는 문자나 카톡으로 받아 증거가 될 수 있도록 화면을 캡처해 두시기 바랍니다. 또한 매장 내의 보관, 가공, 판매하는 모든 내용을 기록해 재료가 상할 가능성이 낮음을 증명할 수 있어야 합니다.

그 다음으로 업체에 전화를 하고 이메일을 보내 보상을 요구하십시오. 이메일을 보내는 이유는 나중에 보상을 요구했다는 증거를 확보하기 위함입니다. 보상 내용은 상한 샌드위치 대금, 손님들에게 배상한 금액, 이 해결을 위해 쫓아다닌 시간과 노력에 대한 대가가 됩니다. 그래도 주지 않는다면 내용증명으로 배상 요구를 하면 좋습니다. 만약 업체가 영업 배상 책임 보험을 가입하였다면 보험사에도 배상을 요구하셔야 합니다. 보험사에서 파견한 손해사정사에게 그동안 확보한 증거들을 충분히 제출하면 도움이 됩니다. 만약 보험사의 결론이 납득 가지 않으면 손해사정사가 작성한 조사보고서의 열람을 요구하시고, 그 내용에 대해 구체적으로 반박하면 좋습니다. 마지막으로 이렇게 대화로 해결되지 않을 때는, 이렇게 수집한 증거를 가지고 절차가 간소한 소액 심판을 청구하시면 됩니다.

소액 심판이란 청구 금액이 2,000천만 원 이하인 민사사건에서 간소한 재판으로 배상을 결정하는 재판제도를 말합니다.

사례 33) 갑자기 꺼진 전기, 책임은 누구?

PC방을 운영하고 있는 A씨. 마침 손님들로 가게가 꽉 차 기분좋게 일하고 있었다. 그런데 갑자기 불이 꺼지고 정전이 되었다. 가게에 있던 30명의 손님들은 '무슨 일이냐'며 거칠게 항의를 했다. 손님 중에는 게임머니를 내고 게임을 하던 손님들도 있어 피해액이 생각보다 많이 발생했다. 급하게 전기를 공급해 주는 한국전력공사에 문의했더니 전기공사 도중 실수로 정전되었다고 한다. 이럴 경우 A씨는 한국전력공사에서 어떤 방식으로 보상받을 수 있을까?

변호사 tip

이 사례처럼 갑작스런 정전으로 금전적 손해를 입어도 한전 측으로부터 별도의 손해 배상을 받기는 어려울 것 같습니다. 이는 한전이 국가기간산업인 전력을 공급하고 있어 많은 특혜를 부여받고 있기 때문입니다. 특히 전기 공급이 원활하지 못해도 면책되도록 규정을 만들었습니다.

한전에서 배상을 받을 수 있는 경우는 여러 조건을 충족해야 합니다. 한전의 직접적인 책임 있는 사유로 공급이 중단되어야 하고, 일반적인 과실의 경우에는 5분 이상 전기 공급이 중단되어야 합니다. 보상 책임이 인정되더라도, 그 보상 범위가 굉장히 작은데, 보상금은 전기 공급이 중단된 시간에 대해 전기요금의 3배를 넘을 수 없습니다.

예외적으로 한전이 고의 또는 중대한 과실로 전기 공급을 중단하였다면 손해액 전부가 배상될 수 있습니다. 그런데 통상 한전이 고의로 전기를 중단하지는 않고, 고의에 상응하는 과실인 중과실이 있는 경우도 없습니다. 결론적으로 안타깝지만 PC방 주인 A씨의 경우, 보상금은 정전된 시간 동안 사용했을 전기요금의 3배를 넘지 못할 것입니다.

사례 34) 관행이 된 밀어내기

곱창집을 하는 서씨는 매일같이 마장동에 가서 곱창을 사와 손질해서 판매하고 있다. 원래 꼼꼼한 성격인 그는 장을 볼 때도 이것저것 살피며 장을 보는 편이다. 그런데 추석이 되자 기존에 곱창을 공급해 주던 거래처에서 싸게 줄테니 더 가져가라고 막무가내로 물건을 쥐어

주었다. 그럴 생각이 전혀 없던 서씨는 어처구니없어하며 항의를 했지만 만약 가져가지 않으면 다음 거래는 하지 않겠다고 으름장을 놓는다. 그동안 잘 지내다가 이런 일이 생기니 기분이 몹시 상했다. 무엇보다 생물로 팔아야 하는 곱창을 이렇게 대량으로 구입했으니 어떻게 팔아야 할지 머리가 복잡하다. 더욱이 앞으로도 이런 일이 생기지 않으리라 장담할 수 없는 상황이다. 서씨는 어떻게 대처해야 하는가?

변호사 tip

상식적으로 봐도 불공정합니다. 법적으로 보면 공정거래법상 불공정 거래행위에 해당될 가능성이 있습니다. 왜냐하면 마장동 고깃집들은 원재료를 계속적으로 공급하는 곳으로 만약 이곳에서 공급을 중단하면 곱창집 운영이 힘들어질 수 있기 때문입니다. 따라서 거래상 우월한 지위에 있다고 할 수 있습니다. 이 사례처럼 곱창집이 구입할 의사가 없는데도 구입하게 하는 행위는 그 우월한 거래상 지위를 남용한 것이라고 볼 수 있습니다. 공정거래위원회에 신고를 해서 시정명령, 과태료 같은 제재를 받게 해야 합니다. 민사상으로는 협박 정도는 아니라서 구매를 취소할 수는 없습니다.

하지만, 곱창 밀어내기 때문에 거래중인 업체를 상대로 이런 법적 절차를 밟기란 현실적으로 어렵습니다. 나중에 거래를 끝내고 정산할 때 이런 일들이 유리한 협상을 만들 수도 있으니 기록과 증빙 자료를 남겨두면 좋겠습니다.

장사는 파도와 같다. 한없이 고점을 치고 올라가다가도 어느 순간 바닥을 친다. 그게 장사다. 그래서 장사하는 사람들은 하루하루의 매출에 따라 기분도 널을 뛴다. 그래서 오랫동안 장사를 한 사람들은 위기관리 능력이 중요하다고 말한다. 그 중 하나가 '외상거래'다. 물론 외상거래는 서로 간의 신뢰가 바탕이 되어야 한다. 그리고 신뢰는 평상시 거래처와의 관계 형성을 어떻게 했느냐에 따라 좌우된다.

사실 '외상거래'는 자영업의 오랜 관행이기도 하다. 경기가 좋을 땐 넉넉하게 외상거래를 해주지만 경기가 나쁘면 그만큼 위험부담이 커지기 마련이다. 만약 가게 사정이 좋지 않다면 가게 주인 입장에서는 외상거래가 되든 안 되든 일단 거래처에 이야기를 해보는 것이 좋다. 창피하다고 차일피일 미루고 하지 못하면 어려운 상황을 돌파하지도 못한 채 주저앉을 수도 있기 때문이다. 사업은 어차피 돌파의 연속이다.

철수씨도 이 고비를 넘기기 위해 현재 상황을 주류회사와 우유 배달 업체에 솔직히 말하기로 했다. 그랬더니 주류상사 직원과 우유 배달 업체 사장은 거꾸로 철수씨를 걱정하며 시간이 좀 지나면 자리를 잡을 수 있을 거라고 격려의 말을 건넨다. 그리고는 장사가 다시 회복될 때까지 우유를 외상으로 대줄 테니 일단 가게를 정상화 시키는 데 힘쓰라고 한다. 주류 업체는 종종 있는 일이라며 일일 결제에서 월말 결제로 흔쾌히 바꿔주었다. 마트는 카드를 쓰면 되지만 카드사용을 꺼리는 사장은 장부를 만들어 외상을 해주기로 했다.

그러나 반대로 사정이 어려워질 때 도움은커녕 더 어렵게 만드는 경우도 많다. 바로 '밀어내기'가 가장 대표적이다. 흔히 프랜차이즈 옷가게나 슈퍼, 마트에 납품하는 도매업 등이 본사에서 밀어내기 하여 괴로움을 토로한 경우도 있다. 그러다 보니 도매업자는 소매업자에게 외상을 해주면서 밀어내기를 감당하는 경우도 많다. 이런 불공정한 이유로 원가 500원짜리를 400원에 팔면서 자기 마진을 마이너스로 안고 가는 경우까지 있다. 이런 현실은 기업의 경영구조상의 문제로 성과주의와 성장주의가 만들어낸 결과로 나쁜 관행의 대표적 사례라고 볼 수 있다.

04 가깝고도 먼 관계 '이웃'

철수씨 옆 가게는 곱창집이다. 바로 옆에 붙어 있어 여러 가지 불편함이 있지만 이웃이라 웬만한 건 그냥 모른 척하게 된다. 그런데 밤 10시만 넘으면 손님이 많아져 철수씨 카페까지 줄을 서는 경우가 많다. 하필 가게 입구를 막아 여간 신경 쓰이는 게 아니다. 그런데도 곱창집 주인은 미안해 하는 기색도 없이 줄을 다른 방향으로 세운다든지 하는 별다른 조치를 취하지 않는다. 거기다 가게 밖에 제멋대로 내 놓은 테이블은 철수씨 가게의 미관까지 해치고 있다. 대놓고 말은 못하고 속으로 애만 태우는 철수씨. 언제 한번 기회를 봐서 이야기해야겠다고 다짐을 하지만 괜히 말했다 이웃 간에 감정만 상하지는 않을지 걱정이 앞선다.

사례 35) 가게 앞 테이블 때문에 생긴 옆 가게와의 분쟁

용산역에서 고깃집을 하고 있는 김씨. 여름이 되니 손님이 많아졌다. 그래서 다른 고깃집이 그렇듯 김씨도 가게 앞에 테이블을 더 내놓고 장사를 했다. 옆 가게는 같은 고깃집이지만 비싼 한우고기라 상대적으로 사람이 별로 없어 크게 신경 쓰지 않았다. 그런데 갑자기 구청에서 단속을 나왔다. 가게 앞에 내 놓은 테이블 때문이라고 한다. 대부분 가게들이 이렇게 하고 있지만 신고가 들어오면 어쩔 수 없이 단속할 수밖에 없다고 한다. 한두 번도 아니고 단속 때문에 여름 장사를 망치게 생긴 김씨. 아내는 분명 옆집에서 신고했다고 하는데 동종업을 하는 이웃과 어떻게 잘 지내야할지 모르겠다.

변호사 tip

곳간에서 인심 나는데 경기가 안 좋으니 서로 각박해지는 것 같습니다. 점포 밖 영업이 문제되는 건 두 가지 측면입니다. 하나는 도로(차도, 인도)를 무단 점유하는 경우와 다른 하나는 허가받은 영업 장소 이외에서 영업한 경우입니다. 이 사례는 두 번째에 해당하는 것으로 식품위생법상 시설 기준을 위반했다는 사유로 단속을 나온 것입니다. 식품위생법은 허가받은 업장에서 영업을 하도록 되어 있고, 야외의 장소에서 영업을 할 수 없도록 하고 있습니다. 위반 횟수에 따라 주의, 시정 명령, 영업 정지 등 제재가 따릅니다. 그렇다고 모든 야외 테이블 영업이 불법은 아닙니다. 제주도와 같은 관광특구나 호텔에서는 옥외 영업을 할 수 있도록 예외를 두고 있습니다.

단속은 옆 가게 또는 임대인이 구청에 신고해서 시작되는 경우가 대부분이니 우선 옆 가게와 대화를 통해 사이좋게 지내는 것이 좋겠습니다.

사례 36) 공동으로 사용하는 화장실 때문에 생긴 분쟁

미용실과 피부 관리실을 운영하는 A씨는 옆집 옷가게와 공동으로 화장실을 사용한다. 공동 화장실은 옷가게 창고 옆에 위치해 있다.

그러다 지난 겨울 갑자기 추워지면서 화장실 수도가 얼어버렸다. A씨는 전기 히터를 설치해 수도관을 녹이며 화장실을 사용했다. 그러던 어느 날, 문제의 사건이 발생했다.

그날은 옷가게가 쉬는 날이었다. 여느 때와 다름없이 화장실에 전기 히터를 틀어놓고 한창 일을 하던 A씨. 나중에 화장실에 가 보니 화장실에 물이 넘쳐 옆집 옷가게 창고로 흘러 들어가고 있었다. 다음 날 A씨는 옷가게 주인에게 자초지종을 설명하고 사과를 한 뒤 청소를 시작했다. 그런데 옷가게 주인이 창고 청소는 물론, 습기 제거, 장판 교체 등을 요구한다. 더군다나 장판도 A씨의 지인이 하면 더 싼데 군이 업체를 지정하며 그곳에서 하라고 말한다. A씨는 자신의 잘못을 인정하지만 옷가게 주인의 요구는 부당하게 느껴진다. 어떻게 하면 좋을까?

변호사 tip

우선 사고의 원인부터 살펴봐야 할 것 같습니다. 화장실에 전기 히터를 설치한 것이 물이 넘친 원인인지, 임대인의 화장실 관리 소홀이 원인이 되었는지 말이죠. 건물의 임차인들이 공동으로 사용하는 공용공간인 화장실은 임대인이 유지·관리할 책임이 있습니다. 물론 임차인들도 사용할 때 주의를 할 의무가 있습니다. 그런데 겨울철 화장실 동파 등으로 인한 '물난리'는 대부분 임대인이 유지·관리를 제대로 하지 않았던 것에 그 원인이 있습니다.

아무튼 만약 A씨에게 책임이 있다면, '물난리'로 인한 피해를 보상해 주어야 합니다. 창고 청소, 습기 제거는 물론 보상 범위에 해당할 것 같은데요, 장판까지 갈아줘야 하는지는 살펴봐야겠습니다. 장판 수선이 불가능하다면 교체를 해주어야 합니다. 교체를 해주더라도 교체에 들어가는 합리적인 비용을 측정하고, 사고 당시 감가 상각을 한 금액을 지불하는 것이 합리적입니다.

'이웃사촌'이라는 말이 있다. 바로 옆에 있는 이웃이 멀리 있는 사촌보다 낫다는 뜻이다. 이는 장사를 할 때도 마찬가지다. 바로 이웃한 가게와 잘 지내는 건 어쩌면 성공한 가게 주인의 필수 요건일 수 있다.

세상에 나쁜 이웃은 없다. 그냥 나와 맞지 않을 뿐이다. '절대 옆 가게에 아쉬운 소리는 하지 않겠어'라는 다짐은 한치 앞을 내다보지 못하는 어리석은 행동이다. 반드시 서로에게 도움이 필요한 사항은 생기기 마련이다. 그렇기 때문에 큰일이든 작은 일이든 큰소리로 일을 확대시키기 보다는 원만한 관계를 유지하는 것이 좋다. 그러면 법으로 해결할 일도 몇 마디 대화로 풀 수 있다. 때로는 함께 대응해서 문제를 해결할 일도 생기는데, 이럴 때 서로 정보를 나누며 이웃들이 든든한 힘이 되기도 한다.

그렇다고 이웃과 잘 지내는 특별한 방법이 있는 것은 아니다. 친구를 사귀는 것과 별반 다르지 않다. 먼저 손을 내밀고 겸손한 자세를 가지면 된다. 결국 '내편'을 얼마나 많이 가지고 있느냐가 장사 성공의 노하우다. 저잣거리는 국가에서 만든 법이 아니라 오로지 '저잣거리 법'으로 해결될 때 가장 아름답다. 서로 편의를 봐주고 이해하면 어려운 일도 함께 헤쳐나갈 수 있는 든든한 '동지'가 생기는 것임을 잊지 말자.

5장

건물주가
변했다

임차인으로
산다는 것

임차인으로 산다는 것

철수씨는 최근 뉴스를 볼 때마다 마음이 편치 않다. 경기는 점점 어렵다고만 하고 자영업자들은 하루가 멀다 하고 문을 닫는다는 소식에 심란하다. 거기다 재건축이다 재개발이다 해서 '권리금'도 못 받고 쫓겨나는 세입자들 이야기가 꼭 남일 같지 않다. 건물을 다시 짓겠다며 일방적으로 가게를 비우라고 하는 건물주, 자신이 들어와서 장사를 할테니 가게를 비우라는 건물주. 그 형태도 가지각색이다. 처음부터 권리금이라는 것이 법으로 보호 받지 못하는 것은 알고 있었지만 이 정도인 줄 몰랐다. 아니 그저 내 일이 되지 않기만을 간절히 원했다는 것이 맞을지도 모르겠다. 건물주의 횡포에 속수무책 당하기만 하는 현실에 화도 나고 억울하지만 어디 하소연할 데도 없는 현실은 같은 자영업자로서 안타까울 뿐이다. 남의 일인 줄만 알았는데 막상 내 가게를 시작하고 나니 문득 문득 '혹시 나도?'하는 생각 때문에 잠을 이루지 못하는 날이 늘어간다.

　그러다 얼마 전부터 철수씨는 건물주의 행동이 심상치 않음을 느꼈다. 건물주가 갑자기 철수씨 가게를 자주 드나들며 이것저것 묻기 시작하는 것이 아닌가. 그렇게 며칠 지나지 않아 가게를 비워달라고 말하는 건물주. 재건축을 하기로 했단다. 그야말로 마른하늘에 날벼락 같은 이야기다. 어떻게 시작한 가게인데, 빨리 문제를 해결하기 위한 방법을 찾아야 한다는 생각에 몸도 마음도 바쁘다.

01 갑자기 가게를 자주 찾는 건물주

경기도에 산다는 철수씨 가게 건물주는 요즘 근처에 볼 일이 있다면서 자주 가게를 찾았다. 철수씨와 비슷한 또래의 건물주 아들 부부도 함께 가게를 오가며 안부를 묻고 장사 잘하라고 격려도 했다. 처음엔 그저 참 고마운 사람들이라고만 생각했다. 그런데 어느날 갑자기 가게 주위에서 이상한 소문을 들리기 시작했다. 철수씨 가게가 있는 건물이 재건축 될 예정이라는 것이다. 건물이 오래되긴 했어도 재건축할 정도는 아니라고 생각한 그는 그냥 소문이겠거니 생각했다. 그런데 바로 앞 가게도 함께 재건축을 한다는 이야기가 돌면서 소문은 점점 신빙성이 높아졌다. 겉으로 표현도 못하고 내심 불안한 마음에 부동산을 찾아가 자초지종을 물었지만 공인중개사는 '별일 없을 거다'라고만 한다.

그리고 보니 주변 건물들도 임대수익을 위해 재건축을 하고 있는 추세다. 최근 동네가 잡지나 텔레비전에 '핫 플레이스'로 소개되기도 했던 터라 쉽사리 마음이 놓이지 않는다. 그냥 소문이겠거니 생각을 하면서도 이런 저런 생각에 마음이 불안하다. 계약할 때, 좋은 주인이라며 오랫동안 장사할 수 있을 거라고 말한 공인중개사의 말만 자꾸 생각난다. 지금은 그 말에라도 기대고 싶은 심정이다.

사례 37) 창업 8개월, 재건축을 위한 강제 퇴거 통보!

2011년 5월 서울시 강서구에서 카페를 시작한 이씨와 최씨. 친구 사이인 두 사람은 지인들과 함께 은행 대출을 받아 카페를 열었다. 매일같이 동네 주민들에게 미소로 눈도장을 찍으면서 조금씩 손님이 늘어나기 시작했다. 그러나 나쁜 소식은 창업 8개월 만에 찾아왔다. 건물주로부터 재건축을 이유로 퇴거 통보를 받은 것이다. 계약을 해지당하게 된 두 사람은 계약 당시 건물주로부터 재건축에 대한 이야기를 전혀 듣지 못한 상황이다. 퇴거 통보 후에도 퇴거 보상에 대한 협의나 제안을 받은 적도 없다.

갑자기 닥친 퇴거 통보로 억울함을 토로하지만 누구 하나 임차인의 사정을 들어 주는 곳은 없었다. 상가법이 있다고는 하지만 실질적으로 법의 보호를 하나도 받을 수 없는 상황에 놓인 두 사람, 앞으로 어떻게 해야 하는 걸까?

변호사 tip

소유권은 무한한 권리인가? 임차권은 소유권에 대항할 수 없는 것인가? 의문이 들 것입니다. 당연히 임차권도 엄연한 권리이기 때문에 보호됩니다. 하지만 두 권리를 '어느 정도 인정할 것인가?'하는 문제에서 우리 사회는 소유권을 더 중요하게 보호했었습니다. 이 사례를 보면 그것이 잘 나타나고 있습니다.

기존의 상가법에서는 임차인에게 5년 기간을 보장하고 있지만, 임대인이 재건축을 한다고 하면 대항할 수 없었습니다. 그래서 이 사례의 두 사람은 1, 2심 모두 소송에서 패소했습니다. 하지만 이 억울한 사연이 국회에 알려지면서 상가법 개정에 영향을 미쳤습니다. 개정된 법은 건물 소유자의 개발권을 인정하면서도, 재건축 계획을 알지 못하고 계약한 임차인의 신뢰도 보호하기 위해서 최초 임대차 계약에서 재건축에 대한 구체적인 계획을 임차인에게 미리 알리지 않으면 중간에 내쫓을 수 없도록 변경했습니다. 그러나 안타깝게도 개정법은 2013년 8월 13일 이후 계약이 체결되거나 갱신된 임대차에만 적용되도록 하고 있어서 소급 적용되지 않아 이 사례에는 적용되지 못했습니다.

위 사례처럼 기존의 상가법은 건물주의 재건축을 이유로 임차인은 무조건 나가야 했다. 이러한 사례는 정말 많다. 부천에서 횟집을 운영하는 A씨는 도시 정비 사업을 이유로 강제 퇴거를 해야 하는 상황에 놓이게 되었다. 당시 그가 받은 보상금은 감정평가원에서 측정한 금액으로 A씨가 "턱없이 낮은 보상금으로 쫓겨나듯 떠나야 하는 법이 어디 있습니까?"라고 하소연했지만 누구도 그의 이야기를 들어 주지 않았다.

권리금은 임차료 이외에 영업상의 노하우, 점포의 위치, 시설, 단골손님 등 유무형의 자산에 대한 물질적 보상을 의미한다. 그러나 이는 현재 실정법이 없어 도시 정비, 재건축 등을 이유로 나갈 경우 전혀 보상을 받을 수 없는 돈이다. 이처럼 현실에서는 엄연히 존재하는 권리금이지만 실정법에서는 전혀 인정되지 않는 상황에 상인들의 불만이 높아지고 있다. 이는 2009년 있었던 '용산참사'에서도 여실히 드러난다. 당시 권리금을 포함한 상가 세입자의 무형 자산에 대한 실질적인 보상비와 2개월 치의 이주정착금 추가 보상 등이 문제가 되었지만 결국 대책은 마련되지 않았다. 이와 관련해 한 부동산 전문가는 "상가 임차인을 위한 보상법이 마련돼 있지 않는 이상, 피해를 보는 것은 상가 임차인이다."라며 "이는 공익사업뿐만 아니라 재개발 현장에서도 발생하는 문제"라고 지적했다. 이처럼 지금까지 건물주가 새로 건물을 지으면 임차인은 무조건 나가는 것이 기존의 상가법이었다.

하지만 이러한 불공정한 항목에 대해 장사하는 사람들이 모여 '맘편히 장사하고픈 상인모임-現전국상가세입자협회'를 만들고 지속적인 상가법 개정 운동을 실시, 2013년 6월 임시국회 때 상가법 개정 운동이 본격적으로 시작되었다. 이전에도 이와 비슷한 개정 운동은 많았지만 현실적인 효과는 없었다. 그러나 당시 남영유업 사태가 터지면서 우리 사회 다수의 '을'이 처한 상황에 대해 언론이 대대적으로 보도하며 사회 분위기가 조금씩 변하기 시작했다. 그 즈음 모 유명연예인이 새로 산 건물에 세 들어 있던 곱창집을 내쫓는다는 기사가 올라오자 건물주는 '슈퍼 갑'이라는 비판이 일어나며 '상가건물 임대차보호법(약칭 : 상가법)' 개정운동이 수면 위로 떠올랐다.

급기야 상인들이 직접 국회로 들어가 상가법 개정 운동을 대대적으로 전개했고 결국 3개의 법이 개정되었다. 이 중 하나가 재건축 시 무조건 임차인을 쫓아 보낼 수 있는 건물주의 권리를 축소한 것이다. 개정된 후 다시 이전 법을 봤을 때 불합리한 것을 떠나 상식 이하의 법이었던 것을 알 수 있다. 앞으로 뉴타운을 비롯한 재건축, 재개발 사업에서 상가 문제는 영업이익과 보상금 해결이 시급할 것으로 보인다. 상가의 실질적 영업보상 문제에 대한 해답은 정부 차원의 지원과 함께 실질적인 법 개정을 통해 이루어져야 할 것이다.

02 재건축이 결정된 건물

철수씨는 용기를 내어 건물주에게 전화를 걸었다. 처음에는 짐짓 모른 척 하던 주인도 철수씨의 계속 되는 질문에 그제서야 "재건축을 할 예정이다."라고 대답한다. 그러면서 1년이 되는 시점에 가게를 비워줘야 할 것 같다고 덧붙인다. 장사를 시작한지 8개월 만에 생긴 일이다. 하늘이 노래진 철수씨, 전 재산은 물론 가족의 생계가 걸린 일이다. 그동안 적자를 보다 이제야 조금씩 자리를 잡고 있다고 사정을 이야기했지만 소용없었다. 미안하게 생각하지만 어쩔 수 없다는 대답만 하는 주인. 속상한 마음에 "그럼 왜 계약할 당시에는 아무 말이 없었냐?"고 따져 묻자 그 때는 확신이 없어 이야기하지 못했다고만 한다.

　흥분을 가라앉히고 애원하듯 "조만간 찾아 뵐 테니 얼굴보고 이야기하자."고 말한 뒤 전화를 끊었다. 그러나 다음날 건물주에게 전화를 걸었지만 하루 종일 받지 않고 3일째 되던 날 건물주 아들과 통화가 되었다. 만나자는 철수씨의 말에 바빠서 만날 수 없고 건물주는 건강이 좋지 않다고 한다. 그동안 별 문제 없이 잘 지내왔던 건물주였다. 그리고 평생 이곳에서 장사하라고 하지 않았던가. 어떻게 사람들이 한순간에 변할 수 있는지 분통이 터진다. 철수씨는 건물주의 집에 찾아가기로 했다.

사례 38) 재건축을 이유로 가게를 비우게 된 윤씨

윤씨는 목동에서 액세서리 가게를 운영하고 있다. 2011년 7월 보증금 2,000만 원, 월세 150만 원에 2년 계약으로 영업을 시작했다. 그 후 한 번 더 자동 갱신해 올해로 4년 째 영업을 하고 있다. 그런데 건물주가 재건축을 한다며 다음 달까지 가게를 비워줄 것을 요구한다. 너무 갑작스러워 준비가 안 됐지만 건물주가 재건축을 한다고 하면 어쩔 수 없이 가게를 빼줘야 한다고 들었다. 그런데 진짜 다른 방법은 없는 것일까?

변호사 tip

개정된 법을 적용 받을 수 없어, 현재로서는 방법이 없습니다. 개정된 법은 최초 임대차 계약을 할 때 사전 통지하지 않았으면 철거를 이유로 나가라고 할 수 없지만, 윤씨는 개정 이전의 법이 적용되므로 건물주가 아무런 제한 없이 철거 또는 재건축할 계획만 있으면 임대차 계약의 갱신을 거절할 수 있습니다. 단, 계약 기간 중에는 세입자를 내보낼 수는 없습니다. 개정전 법에 의하면 재건축 사유는 건물의 노후, 안전사고 위험뿐만 아니라 건물주의 개인적 이익을 위해 신축이 가능합니다. 또한 이러한 재건축에 대해 건물주는 세입자에게 사전에 알려줄 의무가 없습니다. 물론 사전에 알려주지 않아도 법적인 책임을 묻지 않습니다. 한마디로 재건축은 절대적으로 건물주에게 유리한 상황이라고 할 수 있습니다.

재건축과 리모델링은 구분이 필요합니다. 건물주가 재건축을 한다고 하더라도 리모델링만 하는 경우도 있기 때문입니다. 따라서 설계가 나와서 재건축 인허가까지 나왔는지 확인해 보시면 좋겠습니다. 리모델링 수준이라면 건물주는 계약 연장을 거절할 수 없고, 재건축 인허가를 받지 않았다면 계획은 언제나 바뀔 수 있으니까요.

사례 39) 리모델링을 이유로 나가달라는 건물주

K씨는 최근 건물주에게 내용증명 한 통을 받았다. 6개월 후 건물을 리모델링할 생각이니 계약이 만료되는 4개월 후 나가달라는 내용이었다. 재건축을 하게 되면 계약 해지가 된다고 하는데 대체 어디서부터 어디까지를 이야기 하는지 모르겠다. K씨는 아무런 대책도 없이 이대로 나가야 하는 걸까?

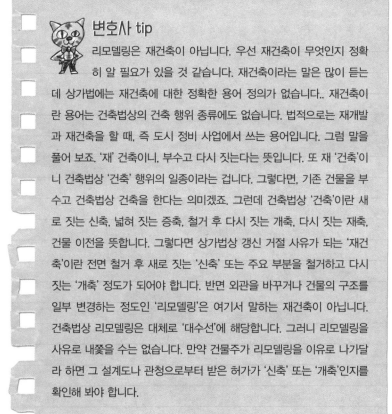

변호사 tip

리모델링은 재건축이 아닙니다. 우선 재건축이 무엇인지 정확히 알 필요가 있을 것 같습니다. 재건축이라는 말은 많이 듣는데 상가법에는 재건축에 대한 정확한 용어 정의가 없습니다.. 재건축이란 용어는 건축법상의 건축 행위 종류에도 없습니다. 법적으로는 재개발과 재건축을 할 때, 즉 도시 정비 사업에서 쓰는 용어입니다. 그럼 말을 풀어 보죠. '재' 건축이니, 부수고 다시 짓는다는 뜻입니다. 또 재 '건축'이니 건축법상 '건축' 행위의 일종이라는 겁니다. 그렇다면, 기존 건물을 부수고 건축법상 건축을 한다는 의미겠죠. 그런데 건축법상 '건축'이란 새로 짓는 신축, 넓혀 짓는 증축, 철거 후 다시 짓는 개축, 다시 짓는 재축, 건물 이전을 뜻합니다. 그렇다면 상가법상 갱신 거절 사유가 되는 '재건축'이란 전면 철거 후 새로 짓는 '신축' 또는 주요 부분을 철거하고 다시 짓는 '개축' 정도가 되어야 합니다. 반면 외관을 바꾸거나 건물의 구조를 일부 변경하는 정도인 '리모델링'은 여기서 말하는 재건축이 아닙니다. 건축법상 리모델링은 대체로 '대수선'에 해당합니다. 그러니 리모델링을 사유로 내쫓을 수는 없습니다. 만약 건물주가 리모델링을 이유로 나가달라 하면 그 설계나 관청으로부터 받은 허가가 '신축' 또는 '개축'인지를 확인해 봐야 합니다.

03 건물주가 보낸 '내용증명'

결국 건물주는 만나주지도, 협상을 하려하지도 않았다. 오히려 철수씨에게 내용증명을 보내왔다. 당황한 철수씨는 내용증명 자체가 소송을 의미하는 것은 아닌지 덜컥 겁이 났다. 지금까지 '소송'은 다른 나라 이야기라고만 생각했다. 살면서 단 한 순간도 이런 일이 생길 것이라고는 생각지 못했다. 그래서 마음의 상처도 크다. 주위에 이야기하니 내용증명 자체가 소송을 의미하거나 재판에 크게 영향을 주는 것은 아니라고 한다. 내용증명은 말 그대로 어떤 내용을 증명하는 것일 뿐이라는 것이다.

사례 40) 묵시적 계약 갱신 해지를 위한 '내용증명'

이태원 경리단길에서 체인점으로 XX떡볶이를 운영하는 김씨는 보증금 5000만 원, 월세 200만 원에 가게를 얻었다. 2013년 9월 부터 시작한 가게를 2년째 하고 있는 김씨는 지금까지 월세를 밀린 적도 없었다. 그런데 어느 날, 바뀐 건물주가 재건축을 이유로 계약 만료일까지 나가달라고 한다. 게다가 계약 만료 내용증명을 보내왔다. 처음 받아보는 내용증명에 덜컥 겁부터 난 김씨는 앞으로 어떻게 대처해야 할까?

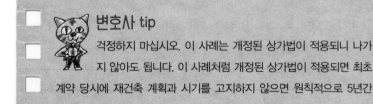

변호사 tip

걱정하지 마십시오. 이 사례는 개정된 상가법이 적용되니 나가지 않아도 됩니다. 이 사례처럼 개정된 상가법이 적용되면 최초 계약 당시에 재건축 계획과 시기를 고지하지 않으면 원칙적으로 5년간 계약이 보장됩니다. 건물주가 중간에 바뀌어도, 환산보증금이 4억(서울의 경우)을 넘어도 마찬가지입니다. 계약 종료 1개월 전까지 갱신 의사 표시는 해야 합니다.

혹시 모르니 증거를 위해 갱신 청구 의사를 내용증명으로 보내면 더 좋겠죠. 다만 건물의 붕괴 우려 등 심각한 문제가 있으면 갱신이 거절될 수 있습니다.

04 일방적인 '명도소송'

끝내 전화로 서로 고성이 오가게 된 철수씨와 건물주. 건물주는 정한 기한까지 가게를 빼지 않으면 그대로 소송을 진행하겠다고 마지막 통보를 했다. 철수씨는 '정말 사람으로서 이럴 수 있나!'하는 생각에 밤에 잠도 잘 오지 않는다. 자기만 보고 있는 가족들은 어떻게 해야 할지, 만약 이 소송에서 진다면 그동안 쏟아 부은 돈은 어디서 보상을 받을 수 있는지 눈 앞이 캄캄하다. 10년간 짠돌이 소리를 들으며 모아온 돈이다. 주말도 반납한 채 가게를 준비한 2년 동안의 시간이 주마등처럼 머리를 스쳐 지나간다. 건물주가 한다는 '명도소송'이 대체 무엇인지, 그리고 명도소송을 당하면 철수씨에게 승산은 있는지, 자신이 무엇을 해야 할지, 전문가의 도움이 절실하다.

사례 41) 건물주가 바뀐 뒤 발생한 명도소송

강남에서 장사를 하는 K씨는 현재 명도소송 중에 있다. 같은 건물 세입자 8명도 같은 처지다. K씨는 2011년 4월부터 보증금 3,000만 원, 월세 150만 원에 2년 계약으로 액세서리 가게를 시작했다. 그런데 묵시적으로 계약이 자동 갱신되고 얼마 지나지 않은 2013년 6월, 느닷없이 한통의 내용증명을 받았다. 건물주가 바뀌었다는 내용이었다. 그리고는 리모델링을 할 계획이니 2014년 2월까지 명도해 달라고 한다. 옆 점포도 마찬가지 상황이다. K씨는 세입자 대책 위원회를 구성하고, 상가법에서 보장하는 5년까지는 나갈 수 없다고 주장했다. K씨의 경우, 상가법상 5년은 안 되더라도 묵시적 갱신된 기간까지는 장사할 수 있는 건 아닐까?

변호사 tip

이 사례는 아주 전형적인 '명도소송'의 경우입니다. 요즘 건물주가 바뀌고, 재건축, 리모델링, 대형 프렌차이즈에 통임대를 이유로 나가달라며 소송을 제기하는 사례가 많습니다.

먼저 결론부터 말씀드리면 이 사례의 경우에 건물주는 패소하게 될 것입니다. 건물주가 바뀌었더라도 상가법에 의해 K씨가 '대항력'을 주장할 수 있기 때문입니다. 즉, 새 주인도 상가법상 변경 전 임대인 의무를 준수해야 합니다. 묵시적 갱신이 되었으니 그 후 1년간 두 달 치 이상 임대료를 미납했다는 등 특별한 사정이 없으면 명도를 청구할 수 없는데, 리모델링은 해당 사유가 되지 않습니다. 따라서 K씨는 적어도 2014년 4월까지는 장사를 할 수 있습니다. 또 K씨가 2014년 3월까지 갱신 요구를 하면 계약 시점부터 총 5년간은 장사가 가능합니다. 또한 새 건물주는 리모델링을 이유로 K씨의 요구를 거절할 수 없습니다. 사례 39에서 말한 것처럼 리모델링은 갱신을 거절할 수 있는 재건축이 아니기 때문입니다.

사례 42) 대항력 있는 세입자에게 명도소송을 건 새 건물주

곽씨는 6개월 전부터 연남동에 있는 건물 지하에서 보증금 3,000만 원에 월세 200만 원으로 주점을 운영하고 있다. 그 사이 가게 건물 주인이 바뀌었다. 그런데 바뀐 건물주가 곽씨에게 월세 인상을 요구했다. 이에 곽씨는 대항력 등을 이유로 인상에 응해주지 않았다. 그러자 새 건물주는 전 건물주가 허락한 인테리어를 트집 잡기 시작했다. 가게 인테리어를 위해 벽을 트고 간판을 크게 했다며 일방적으로 계약 해지 통보를 한 것이다. 그리고 곽씨에게는 명도소송을 걸었다. 새 건물주의 권한으로 곽씨에게 명도소송을 거는 것이 가능한 것일까?

변호사 tip

새 건물주는 곽씨를 상대로 명도소송을 할 수는 있지만, 변호사비만 날리게 될 겁니다. 새 건물주는 건물 주인으로서 명도를 요구하지만, 곽씨는 상가법 적용 대상이라서 그 법에 의한 대항력이 있기 때문입니다. 원칙적으로 임대차 계약은 당사자 사이에서만 효력이 있는 '채권 행위'입니다. 임대차 계약의 당사자가 아니었던 새 건물주는 그 임대차 계약의 효력에 구속되지 않습니다. 그렇기 때문에 새 건물주는 임차인에게 소유권을 주장하면서 나가라고 할 수 있고, 임차인은 임차권을 주장할 수 없게 되는 것입니다. 하지만, 이런 경우 너무 억울하기 때문에 상가법에서 임대차 계약 당사자가 아닌 사람에게도 계약의 효력을 주장할 수 있는 대항력을 부여하였습니다. 그 결과 곽씨는 건물의 소유주가 바뀌어도 임대차 계약에 따른 '대항력'을 갖게 되는 것입니다. 따라서 곽씨는 가게를 나가거나, 인테리어를 바꾸지 않아도 됩니다.

만약 곽씨가 상가법이 적용되지 않아 대항력이 없었다면 법원은 새 건물주의 손을 들어줄 수밖에 없습니다. 이는 현재 우리 상가법이 가진 맹점으로 시급한 개선이 필요한 부분입니다.

*2015년 3월 현재 모든 상가임차인에게 대항력을 적용하는 개정안이 법사위에 상정되어 계류중에 있습니다.

철수씨는 이번 일을 겪으며 장사에는 늘 좋은 것만 있는 것이 아니라는 걸 알게 되었다. 그리고 그 중 최악의 상황에 자신이 놓이게 되었다는 것도 실감한다. 건물주와의 관계, 소송, 을의 처지, 전 재산. 수많은 생각이 그의 머릿속을 스쳐지나간다. 그렇다고 여기서 정신을 놓고 있을 수만은 없다.

인터넷으로 검색해 보니 자신처럼 명도소송으로 쫓겨나는 사람들이 생각보다 훨씬 많았다. 대부분 임차인이 패소했다. 반면 임대인의 승소률은 높았다. 그러면서 간혹 공인중개사가 명도소송을 하라고 종용하는 경우도 있다고 한다. 이는 일반적인 명도소송과 달리 매매자가 매매 후에 이전 임차인을 내쫓기 위한 수단으로 사용하기 위해서다.

여러 가지 정보를 보고나니 철수씨는 머릿속이 더 혼란스럽다. 명도소송을 받고 법으로 해결하는 것이 옳은 판단인지 아니면 그냥 건물주에게 명도해 주는 것이 손해를 덜 보는 건지, 지금 어떤 선택을 해야 하는 것일까? 이제야 소송도 장사의 연속이라는 생각이 든다.

Tip

명도소송의 과정

명도소송의 구조 자체가 건물주에게 유리합니다. 그 이유는 증명책임상 건물주는 자기 소유라고만 증명하면 되는 반면, 세입자는 거기에서 장사를 할 권리가 있는지를 증명해야 하기 때문입니다.

아래에서 소송 과정을 개략적으로 살펴보겠습니다.

Ⅰ. 가처분

건물주는 '점유 이전 금지 가처분'을 미리 하고 소송에 들어가는 경우가 많습니다. 이로 인해 세입자의 가게에 법원에서 나왔다며 가게 벽에 경고문구 같은 걸 붙여 놓고 가는 경우를 보게 됩니다. 그렇다고 무조건 겁먹을 필요는 없습니다. 소송 중간에 다른 사람에게 가게를 넘기지 말라는 뜻일 뿐입니다.

Ⅱ. 소제기 및 답변서 제출

그런 후, 건물주는 법원에 소장을 제출합니다. 법원에서는 세입자에게 소장을 보내고, 세입자는 소장을 받고 30일 내에 답변서를 내야 합니다. 만약 이 기간에 답변서를 제출하지 않으면, 재판을 해보지도 못하고 패소할 수 있습니다. 기간 안에 답변서를 제출하지 못했을 때는 판결 선고 전에 빨리 답변서를 제출해야 선고를 취소할 수 있습니다.

이렇게 서로의 주장과 증거를 담은 건물주의 소장, 세입자의 답변서가 준비되면 상대방과 준비서면과 증거 서류를 교환하게 됩니다. 그 뒤, 법정에서 변론을 하게 됩니다. 변론에서는 법적인 주장을 하고 증거를 제시하거나 증거 신청을 합니다. 이 과정에서 추후 재판을 어떻게 진행할지 방향을 정하고, 증인 신문과 같은 증거 조사가 이뤄집니다.

IV. 조정 절차

명도소송은 앞에서 말한 것과 같이 세입자에게 불리한 구조를 가지고 있습니다. 따라서 쟁점이 많지 않은 경우, 단 1~2회의 변론으로도 종결될 수 있습니다. 하지만 요즘에는 법원에서 대체로 서로 화해하라는 의미로 조정에 회부해 판사 또는 조정위원이 주관하는 조정을 진행합니다. 여기서 조정이 되지 않으면 다시 재판을 진행하게 됩니다.

V. 판결 선고

이렇게 조정 절차, 증거 조사와 같은 재판 절차를 모두 마친 후 판결이 선고됩니다. 소송 기간은 법원 사정마다 다르지만 1심은 빠르면 6개월, 늦으면 1년 이상도 걸립니다. 2, 3심은 조금 더 신속하게 이루어집니다.

05 끊임없는 분쟁의 연속

철수씨가 명도소송을 당하고 난 뒤에도 건물주는 끊임없이 나가라고 보챈다. 간판을 떼라며 구청에 신고도 하고, 앞에 내어 놓은 야외 의자와 테이블도 경찰서에 신고했다. 결국 벽면에 달아놓은 에어컨 실외기도 떼어내야 했다. 어차피 명도소송에서 패소하게 되면 가게를 그만 둬야 하는 철수씨의 입장에서 건물주의 이런 행동에 마음이 상할 데로 상했다. 결국 철수씨와 건물주 사이는 완전히 틀어지게 되었다. 불편한 상황에서 계속 장사를 하게 된 철수씨. 그가 전부 감내해야 하지만, 전혀 예상하지 못한 일들이다. 무엇이든 하나라도 약점이 잡히면 치밀하게 파고드는 건물주의 공격에 당장이라도 쓰러질 것 같지만 꾹 참고 재판까지 가기로 결심했다.

철수씨의 사례처럼 명도소송이 발생하면 건물주의 지저분한 행동이 상당히 많이 보여진다. 간판이 보기 싫다며 불법부착물로 구청에 신고하기도 하고 돈을 꿔달라고 해서 거절하면 나가라는 건물주도 있다. 가장 많은 사례는 월세를 법에서 정한 연 9%가 아니라 그 이상 올리고 올려주지 않으면 5년 후 재계약은 없다고 엄포를 놓는 경우다. 엄연히 법이 규제하고 있음에도 불구하고 건물주의 횡포를 막을 수 없다. 이러니 법의 보호 밖에 있는 임차인에게는 두 배, 세 배 마음대로 올려달라고 해도 달리 어쩔 도리가 없다. 이들 대부분은 건물주의 요구를 들어 주지 않으면 계약 해지 통보를 받게 된다. 심지어 월세를 현금으로 받아간 건물주가 월세를 안 받았다고 잡아떼는 경우도 있다. 독해야 돈을 번다는 말이 있는데 딱 그런 상황이다. 사람의 욕심은 끝이 없어서 법이 정확하게 보호하고, 엄격하게 규제하지 않으면 계속해서 세입자의 피해는 줄어들지 않을 것이다. 모든 관계가 틀어지게 되면 인간의 다른 모습을 보게 된다. 특히 권한이 많은 사람이 힘을 과시하는 예는 어렵지 않게 찾아볼 수 있다.

06 다시 계약서

철수씨는 되돌아보았다. 어디서부터 잘못된 걸까. 가게를 시작했을 때는 처음이라 모르는 것도 많았다. 그만큼 닥친 문제들을 해결하기 위해 치르는 대가도 컸다. 모르는 걸 하나씩 알아가면서 힘이 들기도 했지만, 내 사업을 한다는 설렘에 재미도 있었다. 그러면서 하나부터 열까지 가게와 관련한 모든 일은 철수씨가 감당해야 하는 몫이라는 걸 조금씩 체감해갔다. 회사에서라면 겪지 않아도 될 일들이었다. 금전적 책임은 물론 그에 동반되는 손실과 감정적인 상처도 오롯이 혼자 감당해야 하는 개인사업자의 삶. 만만치가 않다.

한 쪽에 밀쳐 두었던 계약서를 다시 살펴본다. 그제야 원상복구와 임대료 지연 시 법정 최고 이율을 적용하여 월세를 올린다는 내용의 '특약'을 비롯해 철수씨에게 불리한 부분들이 눈에 들어온다. 당시엔 내 가게를 한다는 기대에 모든 일이 마냥 희망적으로 보였던 것 같다. 냉정하게 임차인 입장에서 읽어보니 그냥 넘어갈 수 있는 사항들이 아님을 깨닫는다. 이 모든 게 다 내 탓이고 내가 다 책임져야 한다고 생각하니 어디 가서 하소연도 못하고 그저 막막하고 억울한 철수씨. 가게를 준비하며 '가게 주인이 월세 50%를 올려달라고 해서 어쩔 수 없이 다른 곳을 이전해야 했다.'고 말하던 친구가 생각났다. 그땐 이야기를 들으면서도 '조심해야지!' 생각은 했지만 그게 내 일이 될 거라곤 상상도 못했다.

계약서 어디에도 '재건축'에 대한 언급은 없다. 철수씨는 계약서에도 없는 내용으로 이런 불합리한 일을 자신이 당해야 하는지 도무지 받아들일 수 없다. 어떻게 보통 사람들이 법을 다 알고 있을 수 있는가. 누가 가르쳐 주지도 않았고 막상 장사를 해보니 잠잘 시간도 부족한데 임차인이 봉이지 이게 무슨 법인가 싶다. 앞으로 가족들 부양은 어떻게 해야 하고 장모님은 어떻게 모셔야 할지 혼란스럽고 걱정된다.

사례 43) 보증금 · 임대료 자동 인상 조항에 의한 월세 인상

용산역 X몰은 역세권이라는 이름하에 임차인들이 상가임대차 계약서에 '보증금·임대료 자동인상 조항', '입점 지연 시 이의 제기 금지 조항'에 대해 사인을 강요받았다.

윤씨는 불합리하다고 생각됐으나 근처에 장사하는 상인들이 "여기는 다들 그렇게 한다."고 했다. 윤씨도 어쩔 수 없이 조건에 동의하고 계약 기간을 2년으로 했다. 그러나 계약 이후에도 몇 달 동안 이전 가게가 나가지 않았다. 그런데도 건물주는 "한 달이면 가게가 빠진다."고 계속 거짓말을 했다. 가게 입점 후에도 윤씨는 한 번도 월세를 밀린 적이 없다. 그런데 1년이 지나자 건물주가 지난 월세에서 무려 50%를 더 올려 달라고 요구한다. 계약서의 특별 조항 때문에 아무런 저항도 할 수 없게 된 윤씨. 지금까지는 손해를 감수하고 참았지만 더 이상 월세를 올릴 수는 없을 것 같다는 생각이다. 앞으로 윤씨는 어떻게 해야 할까?

변호사 tip

윤씨의 경우, 특별 조항에 사인을 한 상태지만 그 조항은 불공정한 내용이어서 무효입니다. 공정거래위원회에서는 임대료 자동 인상 조항, 입점 지연 시 이의제기 금지 조항 등에 대해 불공정 약관이라는 이유로 무효를 선언했습니다. 법원에서의 판단도 공정거래위원회와 다르지 않을 것입니다.

세입자는 가게를 임대해 권리금, 시설비를 들여 가게를 운영합니다. 그러니 건물주가 마음에 들지 않는다고 쉽사리 다른 곳으로 옮겨 갈 수는 없습니다. 그러나 임대차 계약에서 임차인인 세입자는 절대적 '약자'의 위치에 있습니다. 최근 공정위는 전국의 주요 역사에 있는 임대사업자를 대상으로 모니터링을 실시, 약관 시정 취지를 알리고 불공정 약관을 자진해서 시정할 수 있도록 유도해 나갈 예정이라고 하니 윤씨는 공정거래위원회에 불공정약관 심사 청구를 하는 것이 좋겠습니다.

사례 44) 계약 후 건물 하자 책임 조항

A씨는 옷가게 매장 오픈을 위해 임대차 계약을 했다. 계약을 하고 오

픈 준비를 위해 가게를 찾은 A씨. 가게 문을 열고 들어서자마자 깜짝 놀랐다. 분명히 계약 당시만 해도 어떤 이상도 발견할 수 없었는데 지금 보니 천장에서 물이 새서 옷이 모두 젖어있었다. 바로 건물주에게 전화를 걸어 천장에 물이 새니 배관 공사를 다시 해달라고 했다. 물론 젖어서 팔지 못하게 된 옷에 대한 변상도 같이 요구했다.

그런데 건물주는 계약서를 이야기하며 오히려 A씨에게 제대로 고쳐 놓으라고 주장한다. 계약서를 살펴보니 '계약 이후 하자에 대해서는 임차인이 책임을 진다.'라고 적혀 있다. 억울하고 분통이 터지는 A씨. 계약서에 직접 사인을 했지만 기존 건물의 노화된 배관을 수리하고 이에 따른 피해까지 스스로 책임을 져야 하는 상황이 억울하기만 하다. A씨가 보상을 받을 방법은 정말 없는 것일까?

변호사 tip

이 사례처럼 천장에 물이 새서 옷이 젖었다면, 임대 목적인 옷가게 용도로 사용할 수 없을 정도입니다. 임대인이 하자를 수선해야 하고, 그로 인해 생긴 옷에 대한 변상도 해주어야 합니다.

원칙적으로 건물 수선·유지 책임은 '임대인'에게 있습니다. 하지만 계약 당사자들이 계약 시 임차인이 수선 유지 책임을 지겠다고 정할 수 있습니다. 그런데 법원은 임대차 계약서에서 임차인이 모든 수선·유지 의무를 부담한다고 정하고 있더라도, 쉽게 적은 비용으로 할 수 있는 작은 수선이라면 임차인에게 책임이 있지만 이를 넘어가는 중대한 수선이라면 임대인이 책임을 부담하는 것으로 제한해서 해석하고 있습니다. 중대한 수선에 대해 법원은 수선하지 않으면 사용할 수 없을 정도라고 하면서, 바닥에 단열과 방습 조치가 되어 있지 않은 건물에 대한 수선 의무는 임대인이 부담한다고 하였습니다.

07 변호사를 선임해야 하는 걸까?

무엇을 어떻게 해야 할지 막막했던 철수씨는 변호사를 찾았다. '명도소송'을 당했다고 말하니, 변호사는 대뜸 '세입자'냐고 묻는다. 그러더니 철수씨 이야기를 자세히 듣지도 않고 상가임대차 사건이면 대부분 세입자가 진다고 일축한다. 알고 보니 세입자 사건은 이기기도 어렵지만, 이긴다고 해도 시간만 끌기 때문에 변호사들이 꺼리는 사건이라고 한다. 더욱이 쫓겨나는 세입자에게 수임료도 많이 받을 수 없어 반기지 않는다고. 상황이 이렇다 보니 철수씨는 혼자서 해결할 자신이 점점 없어진다. 그럼에도 불구하고 경험도 없고, 장사하느라 시간 빼기도 어려운 그는 힘들더라도 변호사를 선임하고 싶다. 오랜만에 로펌에서 사무직원으로 근무하는 친구에게 전화를 걸어 변호사 선임을 어떻게 해야 하는지 물었다.

친구는 변호사를 선임하기 전에 개인변호사로 할지, 로펌변호사로 할지 먼저 정해야 한다고 조언한다. 그런데 상가임대차 사건은 복잡하지 않아 개인이든 로펌이든 큰 의미는 없다는 것이 친구의 말이다. 오히려 대형 로펌은 수임료가 비싸 배보다 배꼽이 더 클 수 있단다. 그렇다고 무조건 개인변호사에게 의뢰할 것인가. 간혹 사무장에게 속아 변호사를 선임해 낭패를 보는 경우를 종종 봤기 때문에 여간 걱정이 되는 것이 아니다. 그럼 승소율이 높은 변호사를 선임하면 괜찮을까? 친구의 말에 따르면 승소율은 알기도 쉽지 않지만, 무조건 이기는 사건만 해서 승소율이 100%가 될 수도 있단다. 따라서 '승소율=실력이 뛰어난 변호사'는 아니라고 한다. 친구의 말을 들으면서 철수씨는 승소율도 변호사 선임 기준이 아니라면 어떤 기준으로 변호사를 선임해야 할지 고민스럽다.

Tip

친구가 알려준 변호사 잘 고르는 법, '5계명'

첫째. 세입자 입장에서 변호할 전문변호사를 찾아라. 변호사는 뼛속부터 내편이어야 한다.

둘째. 해당 변호사에 대한 주위 또는 인터넷 평판을 알아봐라. 소문이 좋지 않은 변호사는 다 이유가 있다.

셋째. 변호사와 직접 상담을 해서 진솔한지, 성의가 있는지, 전략이 있는지 등을 파악해라. 느낌이 중요하다.

넷째. 너무 수임료가 싼 변호사는 피해라. 돈값은 하기 마련이다.

> 다섯째, 너무 바쁜 변호사도 피해라. 너무 잘 나가는 변호사는 내 사건이 뒷전일 수 있다.

친구의 추천을 받아 상인단체에서 자문변호 활동을 하는 변호사를 선임했다. 변호사 상담은 대면 상담, 전화 상담, 인터넷 상담 중 하나를 선택할 수 있었다. 바쁘고 비용이 들어도 직접 만나서 얼굴을 보고 이야기하는 게 좋겠다는 생각에 '대면 상담'을 신청했다. 아무래도 인터넷 상담은 철수씨가 처한 상황에 대해 상세하게 질문하고 답변을 받기 어렵고, 전화 상담은 자료를 보지 못하기 때문에 상담에 한계가 있을 것 같아서다. 친구는 간혹 무료 상담이라고 광고를 많이 하는데, 변호사가 직접 상담하지 않고 사무장이 나오는 경우가 다반사라고 한다.

상담을 받기 위해 변호사 사무실을 찾았다. 상담료는 시간당 계산된다는 이야기를 들었던 터라 상담 가기 전에 미리 변호사에게 자신과 관련한 자료들을 이메일로 보냈다. 아무래도 시간을 절약할 수 있겠다는 생각에서다. 그렇게 상담을 하고 본격적으로 소송 준비에 들어간 철수씨. 상담한 변호사에게 사건을 맡기니 선임료에서 상담료를 빼주었다.

보통 선임료는 소송 시작할 때 내는 '착수금'과 이겼을 때 내는 '성공보수'로 나뉜다. 보통 착수금은 300~500만 원이고, 성공보수는 15% 내외다. 그러나 세입자 측의 사건에서는 성공보수를 못 받는 경우가 많다. 이는 세입자가 이기기도 어렵고, 이겨도 돈이 별로 없기 때문이다. 만약 장사가 잘 되는 점포라면 명도 시점에 따라 성공보수를 정하기도 한다. 간혹 변호사를 선임할 때 선임료가 부담스러워 망설이는 경우가 있는데 이야기를 하다보면 상당히 많은 부분에서 조정이 가능하다고 말한다.

Tip

변호사 상담 방법

첫째, 직접 방문 상담(대면 상담)
직접 변호사 사무실을 방문해서 상담을 받는 것으로 가장 많이 사용되는 방법이다. 만족도도 가장 좋다. 이 경우 상담비는 10만 원에서 그 이상이 된다. 상담비는 변호사의 유명도와 이력, 시간에 따라 달라진다. 최소의 시간으로 최대의 효과를 내는 상담을 받기 위해서는 사전에 관련 서류를 메일로 보내고, 묻고 싶은 질문을 미리 생각해서 방문하는 것이 좋다. 여기에 전화로 상담 비용을 알아보고 방문하는 것도 도움이 된다.

둘째, 전화 상담
전화 상담은 변호사에게 직접 전화를 걸어 법률에 대한 상담 및 답변을 듣는 방법이다. ARS 실시간 전화 법률 상담이라는 것을 할 수 있는데, 변호사 이력을 보고 자신이 원하는 변호사를 선택해 통화를 할 수 있다. 변호사 전화 법률 상담은 사무실마다 다른데 30초당 또는 1분당 비용을 측정하며 3~5천 원까지 부과 금액도 다르다.

셋째, 인터넷 상담
최근 늘어나고 있는 상담 방법이다. 개인이 알아 본 법률사무소의 인터넷 홈페이지
를 방문해 상담을 받는 방식이다. 무료 상담이라는 장점이 있지만 질문에 대한 답변
을 언제 받을 수 있는지 모른다는 단점도 가지고 있다. 최악의 경우에는 답변이 없
을 수도 있다. 또한 상담의 질을 장담할 수 없다.

철수씨처럼 소송을 하기로 결정했다면 '좋은 변호사'를 만나는 게 무엇보다 중요하다. 변호사는 신뢰할 수 있는지, 경력은 어떻게 되는지, 성실한지 등을 판단해야 한다. 하지만 개인이 변호사의 소송 능력과 성실성을 미리 안다는 것은 현실적으로 불가능에 가깝다. 만약 로펌변호사를 선임할 예정이라면 소속된 법무법인에 대해 알아보는 것도 도움이 된다. 그렇다고 규모와 실적이 좋은 대형 법무법인을 선택하는 것이 꼭 좋은 것은 아니다. 특히 대부분 영세업자인 자영업의 경우 비용에 대한 부담이 클 수 밖에 없다. 무조건 수임료를 깍기보다 적정한 수임료를 주고, 성실하고 질 높은 법률서비스를 요구할 수 있는 변호사를 선임하는 것이 좋다. 귀찮다고 한 군데만 가서 상담 받지 말고 3군데 이상을 방문해서 상담을 받고 종합적인 판단을 한 후, 신중히 결정해야 한다. 그리고 결정했다면 변호사를 믿고 세상에서 최고의 변호사라는 믿음을 가져야 한다.

08 법정에 선 철수씨, 1심에서 항소까지

소송을 결정하고, 변호사를 선임해 법정에 서기까지 철수씨는 그 며칠이 마치 몇 달처럼 느껴졌다. 요즘엔 제대로 잠을 잔 날보다 그렇지 않은 날이 더 많을 정도다. 길었던 1심, 오늘 마지막 변론을 앞두고 있다. 부쩍 수척해진 그를 걱정하는 아내와 장모님을 뒤로 하고 법원으로 발걸음을 옮긴다. 법원 앞에서 변호사를 만났다. 이번 소송 때문에 몇 번이나 법원에 왔지만 도저히 적응이 되지 않는다. 앞의 변론이 끝나고 철수씨 차례가 되었다.

상대 측 변호사와 질의 응답을 주고받는 시간, 대답을 하면서도 억울한 마음에 자신도 모르게 눈에 눈물이 맺힌다. 그렇게 변론이 끝나고 3주 뒤 판결을 받기로 했다. 그렇게 판결을 기다리는 동안 결과를 예상하면서도 한편으로 '혹시?'하는 마음이 있었던 철수씨. 그러나 끝내 기적은 그에게 일어나지 않았다. '재건축은 합당하다'는 판결이 났다. "패소한 피고는 원고한테 보증금 얼마를 지불받고 그 동시에 명도해 줘라."는 판결문을 듣고 막막한 마음을 가눌 수가 없다.

항소하라고 말하는 변호사. 며칠이라도 장사를 할 수 있을까 하는 마음에 항소를 신청하고 기간을 연장했다. 그동안 장사를 계속하면서 수익을 내기로 했다. 철수씨의 이야기를 들은 지인들이 찾아 주며 힘을 주기도 했다. 물론 결과는 '철수씨의 패소'였다.

항소를 했지만 다시 패소했다. 후회는 없다. 시간을 번 만큼 장사도 했다. 철수씨처럼 항소심에서 재판이 달라지지 않을 수도 있으나 시간을 벌고 그 사이 이윤을 남기는 방법으로 항소심을 이용하는 방법도 고려해야 한다. 물론 변호사비가 또 들어가지만 항소심까지의 변호사 비용과 그 사이 장사를 통해 발생하는 이윤을 생각하면 어떤 것이 유리한지 당사자가 직접 판단해야 한다. 여기에 결과적으로 지더라도 끈질기게 대응하는 자세도 중요하다. 어떤 경우에는 상대방이 항소의 피로도 때문에 중도 포기하는 경우도 많다. 그러나 최대의 공격은 '방어'라는 말도 있다. 물론 힘은 들지만 패소를 두려워하기보다 가게에 대한 끈질긴 애착을 보여줬을 때 아주 미미하지만 우리 사회의 부동산이나 장사문화도 조금은 변할 수 있는 초석이 되지 않을까 생각해 본다.

⊙ Tip

1심 판결 후, 집행 과정

Ⅰ. 준비 단계

1심 판결이 내려지면 건물주는 곧바로 강제 집행에 들어갈 수 있다. 이는 1심 판결문에 가집행 선고가 붙어있어 대법원 판결 전이라도 강제 집행이 가능하다. 강제 집행 신청을 위해서 법원에서 판결문에 집행문을 부여받고, 판결문이 상대방에게 송달되었다는 증명서도 받아야 한다.

Ⅱ. 강제 집행 신청

강제 집행은 건물주의 신청을 받아 법원 집행관이 진행한다. 건물주는 강제 집행을 위한 집행 수수료뿐만 아니라 짐을 뺄 인부 인건비와 짐을 실어 나를 차량 비용, 보관 창고 비용을 미리 납부해야 한다.

III. 계고와 본집행

집행관은 가게로 세입자를 찾아와 언제까지 자진 명도하고 그때까지 나가지 않으면 강제 집행 하겠다고 계고를 한다. 실제 집행날에는 집행관이 판결문상 세입자가 점유하고 있는지 확인한 다음, 인부들을 동원해 짐을 싣고 창고에 보관한다. 점포에 문이 잠겨 있으면 열쇠공을 불러 강제로 문을 따고 들어오는 경우도 있다. 가게 주인이 변경된 것이 확인 되면 집행관은 강제 집행을 하지 않고 돌아간다. 새 가게 주인을 상대로 집행하기 위해서는 그 사람이 상대방으로 명시된 판결문이 있거나 집행문이 있어야 하기 때문이다.

IV. 강제 집행 정지

세입자 입장에서 이런 강제 집행을 막기 위해서는 '강제 집행 정지 신청'을 하면 된다. 그러나 강제 집행이 워낙 신속히 진행되기 때문에 최대한 빨리 정지 신청을 해야 한다. 한 번 강제 집행이 진행되면 되돌리는 것이 어렵기 때문이다.

6장

이제 다시
시작이다

철수씨,
가게를
정리하다

철수씨, 가게를 정리하다

철수씨는 항소까지 했지만 결국 명도소송에서 패소했다. 그로서는 마지막까지 최선을 다했다고 스스로 위안을 했지만 그래도 예정된 결과를 바꿀 수는 없었다. 현행법상 철수씨를 구제할 수 있는 방법을 찾을 수 없었다. 마지막까지 자신을 믿고 기다려 준 가족에게 고맙고 미안한 마음이다. 한 가족의 가장이라는 건 생각보다 그 무게가 무겁다.

패소 후, 가게 정리를 시작했다. 먼저 집기들은 아는 지인과 재활용 센터에 전화해서 넘겼다. 텅 빈 가게를 보니 왠지 모를 쓸쓸함이 밀려온다. 가게 곳곳에는 그의 지난 노력의 흔적들이 고스란히 남아 있다. 어느 곳 하나 그의 손이 닿지 않은 게 없을 정도다. 그래도 계속 감상에 젖어 있을 수는 없는 법. 가게 물건들이 어느 정도 정리가 된 뒤 채무관계를 정리했다. 그동안 가게를 운영하며 알게 모르게 진 빚이 생각보다 많았다. 분명 가게를 처음 시작할 때만 해도 뭔가 해내고 말겠다는 부푼 희망도 있었는데 이젠 빚만 2억 원이 남은 상황이다. 더욱이 하루하루 지날수록 늘어나는 이자를 감당하기가 쉽지 않다. 빚이 무서운 건 원금보다 이자라는 말을 실감하게 된다. 어떻게 정리해야 할지, 앞이 캄캄하다. 그렇다고 두 손 놓고 있을 수는 없어 아는 지인과 전문가들을 찾아다니며 빚을 정산할 방법을 찾아보기로 했다.

01 빚에 대처하는 자세

명도소송이 끝나고 가게를 정리했다. 그런데 막상 가게를 정리하고 나니 하루하루 버티기가 쉽지 않다. 급기야 내가 뭔가를 할 수 있을 거라고 생각한 지난날이 사치스럽게 느껴진다. 하루에도 몇 번씩 회사를 그대로 다녔으면 어땠을까 하는 쓸데없는 생각도 들었다. 이렇게 지난날을 돌이키며 반성하게 되고, 그러면서 내가 왜 그랬을까 하는 죄책감마저 든다.

사실 철수씨가 처음 가게를 시작할 때 대단한 성공을 하겠다고 생각한 것은 아니었다. 다만 기계처럼 돌아가는 직장 생활에서 벗어나, 가족과 함께 더 많은 시간을 나누며 '지금보다 조금 더 여유있고 행복하게 살고 싶다.'는 것 뿐이었다. 그런데 이렇게 허망하게 가게를 접고 보니 이제 무엇을 할 수 있을지 쉽게 용기가 나지 않는다.

하늘이 무너져도 솟아날 구멍이 있다는 말은 그냥 듣기 좋으라고 하는 말 같다. 예전에는 가족을 생각하면 어떤 어려움도 이겨낼 수 있는 힘이 되었는데 요즘은 '서류상 이혼'이라도 해서 추심이 들어왔을 때 가족을 보호해야 하는 것은 아닌지 생각하게 된다.

지금까지 채무관계를 계산해 보니 처음 투자한 돈은 모조리 날리게 된 철수씨. 뿐만 아니라 이래저래 쓴 카드빚이며 담보대출에, 소송 진행비를 위해 지인들에게 빌렸던 돈까지 합하니 알게 모르게 불어난 빚이 1억 5,000만 원이 넘었다. 하루 벌어 하루 먹고 살기도 힘든 판에 이자 내기가 버겁다.

사례 45) '이자'에도 순서가 있다?!

A씨는 요즘 장사가 잘 되지 않아 걱정이다. 그래도 가게는 운영을 해야겠다는 생각에 소상공인 대출과 카드, 캐피탈 등을 이용했다. 그런데 매출이 점점 줄어들자 이젠 이자를 감당하기도 힘들게 되었다. 그중 이자가 20%가 넘는 것도 있어 우선 이것만이라도 적은 이자가 나가는 금융권으로 옮기고 싶다. 이 상황에서 A씨가 할 수 있는 방법은 무엇일까?

변호사 tip

아무리 사업성이 좋아도 20% 이상 수익률을 내는 사업가는 많지 않습니다. 역으로 이자 20% 이상 되는 돈을 빌려 사업을 한다면 망하기 쉽습니다. 따라서 자영업을 할 때 되도록 고금리 대출은 최대한 자제하는 것이 좋습니다. 일시적으로 자금이 부족한 경우라면 몰라도 밑 빠진 독에 물 붓기이기 때문입니다.

이 사례처럼 고금리 대출을 받은 상황이라면 더 고생하지 말고 파산신청을 고민해 보는 건 어떨까요? 만약 예측하지 못한 자금 경색이 온 것이라면 빨리 저금리 대환 대출을 알아보는 것도 좋겠습니다. 하지만 지금 A씨와 같은 경우에는 선택할 수 있는 여지가 많지 않습니다. 고금리로 돈을 빌렸다는 건 이미 담보도 없고, 신용상태도 나빠 더 이상의 대출은 불가능하다는 것을 의미하기 때문입니다. 우선 서민대출 공동브랜드인

'햇살론 대출'을 알아보시는 건 어떨까요? 햇살론의 기본 요건은 연소득 3,000만 원 이하, 신용등급 6등급 이하의 자영업자를 대상으로 하며 이자율은 10% 초반입니다. 그 외에도 대환 대출이 있습니다. 대환 대출의 요건은 햇살론 기본 요건에 덧붙여 연이율 20% 이상 고리 채무를 정상 상환중이고 소득 대비 채무 상환액 비율이 40%를 초과하지 않는 자영업자를 대상으로 합니다. 이 상품은 대부업체, 캐피탈, 저축은행, 신용카드사 등에서 받은 대출을 대상으로 3,000만 원까지 대출이 가능합니다.

사례 46) 카드 돌려 막기 후, 카드가 정지된 상황

대출한 돈을 갚기 위해 몇 개의 카드를 돌려 막기 한 B씨는 결국 모든 카드에 대해 사용 정지가 되었다. 그나마 카드를 쓸 수 있을 때는 장사하면서 번 돈으로 어느 정도 감당할 수 있었지만 카드 정지 이후에는 모든 것이 어려워진 상황이다. 카드 정지로 2개월째 추심 전화를 받는다. 이러다가 신용이 바닥으로 떨어져 앞으로 정상적인 경제 활동을 하기 어려워지는 것은 아닌지 걱정이다. 설상가상 최근 사채업체에서 돈을 빌려주겠다는 문자를 계속 보내고 있다. 그러면 안 되는 줄 알지만 자신도 모르게 마음이 흔들린다. 이러다가 결국 장사도 망치고 자신의 삶도 망칠 것만 같아 하루하루 불안한 생활을 하고 있는 B씨. 지금까지 빌린 돈을 나눠서 갚는다면 장사도 하고 빚도 갚아 나갈 수 있을 것 같은데 B씨가 취할 수 있는 방법은 없는 것일까?

변호사 tip

막판까지 밀리기 전에 미리미리 알아보고 대처하는게 필요합니다. 이미 연체된 상황이라면 햇살론이나 대환 대출엔 손을 내밀 수 없습니다. 그렇다고 아예 방법이 없는 것은 아닙니다.

이런 경우에는 법원의 파산, 회생 신청도 방법이 될 수 있지만 그전에 신용 회복 지원 제도를 먼저 알아보시기 바랍니다. 신용 회복 지원 제도는 개별 금융회사와 신용회복위원회에서 합니다. 개별 금융회사의 신용 회복 지원 제도는 회사별로 다르니 해당 금융기관의 홈페이지를 참조하시면 됩니다. 그리고 신용회복위원회에서 실시하는 신용 회복 지원 제도는 일명, 개인 워크아웃과 프리 워크아웃 두 가지 방법이 있습니다. 개인 워크아웃은 15억 원 이하의 금융 채무를 장기 연체한 상태에서 상환능력이 있는 사람을 대상으로 합니다. 반면 프리 워크아웃은 15억 원 이하의 금융 채무를 단기 연체했으면서 상환 능력이 있는 사람을 대상으로 하고 있습니다.

사례 47) 파산 신청 후, 영업이 가능한가요?

김씨는 인천에서 3년 동안 횟집을 운영하고 있다. 이제 가게도 어느 정도 자리를 잡아 단골손님도 많이 생기고 매출도 안정적이다. 그래서 올해 초 큰 결심을 하고 가게 확장공사를 시작했다. 그런데 느닷없이 방사능 오염을 이유로 뉴스에서 어패류 등의 해산물 섭취를 줄이라고 연일 보도되었다. 자연히 횟집 매출은 큰 타격을 입었다.

확장 공사와 매출 감소로 급기야 신용카드를 돌려가며 운영비를 결제하게 되었다. 그러나 하루 이틀이지 상황은 좀처럼 나아질 기미가 보이지 않았다. 처음에는 신용카드 돌려막기로도 어느 정도 생활은 유지할 수 있었지만 결국 신용카드 결제를 제때 해결할 수 없는 지경에 이르렀다. 사금융에서 대출을 받은 김씨는 빚이 300만 원에서 3,000만 원까지 늘어 지금은 대출이자도 갚기 힘든 상황이다.

장사를 유지해야 수입도 생기고 빚을 갚을 수 있는데 지금은 빚 때문에 정상적으로 장사를 유지할 수 없게 되었다. 그러다 보니 빚이 자꾸 늘어나는 악순환에 빠졌다. 김씨는 이 상황에서 벗어나고자 법원에 파산 신청을 하면 어떨까 고민 중이다. 김씨가 가게를 운영하면서 빚을 갚을 수 있는 방법은 없을까?

변호사 tip

횟집 사례에서 우리 생활에 방사능이 얼마나 위험한지 그리고 여전히 우리 사회에 핵발전소가 경제적인지 고민하게 됩니다. 그건 그렇고, 횟집 사장님 김씨가 횟집을 계속 운영하고자 한다면 절대 파산 신청을 해서는 안 됩니다. 파산은 말 그대로 자신이 가진 모든 재산을 팔아 채권자에게 주고 끝내는 제도입니다. 즉, 횟집 가게 집기류, 임대 보증금도 다 현금화하게 되기 때문에 영업은 할 수 없습니다. 따라서 김씨처럼 계속 횟집을 운영하면서 빚을 탕감하고 싶다면 앞에서 살펴본 사례처럼 회생 절차나 신용 회복 지원 제도를 고민해 보는 것이 좋습니다.

내용 출처 : 대법원 / 경향신문

02 빚에서 탈출하는 4가지 방법

최근 철수씨는 안타까운 소식을 듣게 되었다. 평소 알고 지냈던 지인이 빚 독촉을 이기지 못하고 끝내 스스로 운명을 달리했다고 한다. 예전에도 이런 일을 신문이나 뉴스에서 보긴 했지만 막상 내 일이 되고 보니 남의 일 같지 않다. 걱정도 되지만 한편으론 무섭다.

요즘 하루가 멀다하고 부부싸움을 하고, 그 동안 잘 챙겨 주던 장모님과도 사이가 부쩍 나빠지고 있다. 무엇보다 상황을 이 지경으로 악화 시킨 철수씨 스스로에 대한 자책과 가족에 대한 미안한 마음이 크다. 집에 들어가는 발걸음이 무겁다. 여기저기 다니며 방법을 찾아보지만 쉽지가 않다. 앞으로 닥칠 추심 전화도, 하루가 다르게 불어나는 이자도 감당하기 쉽지 않지만 그래도 가족을 생각하며 마음을 다잡는 철수씨다.

빚의 부담을 줄여주는 사적 제도, 워크아웃

개인이 빚을 많이 지는 경우, 그 빚을 내려놓는 방법은 시행기관에 따라 크게 두 가지로 나눌 수 있다. 하나는 법원에서 공식적으로 진행하는 '공적 제도'와 다른 하나는 신용회복위원회에서 빚을 정리해 주는 '사적 제도'다.

두 제도 모두 개인이 진 빚을 사회가 대신 갚아주는 것으로 개인이나 법인이 경제활동을 다시 회복할 수 있도록 도움을 주는 제도다. 따라서 빚을 졌다고 해서 무조건 자신을 탓하고 낙담하지 않아도 된다. 물론 빚의 발생에 개인의 잘못이 100% 없다고 할 수는 없다. 그러나 두 제도는 개인에게 그 짐을 모두 지게 하는 것이 아니라 사회가 공동으로 책임을 지겠다는 인식에 의해 만들어 졌다. 이는 장사를 하는 것 자체가 쉽지 않을 뿐더러 상가법처럼 장사의 발전 속도를 법의 구조적인 발전 속도가 따라가 주지 못해 개인의 노력이나 의지와는 상관없이 빚을 지게 되는 경우도 발생하기 때문이다.

그러나 득이 있으면 실이 있는 법. 둘 다 좋은 제도지만 장단점은 있다. 특히 양질의 좋은 정보를 얻기 위해서는 인터넷보다는 직접 전화 상담이나 대면 상담을 하는 것이 좋다.

먼저 신용회복위원회에서 실시하고 있는 워크아웃에 대해 알아보자. 신용회복위원회는 여러 금융기관들이 신용회복지원협약에 가입해 만든 기관으로 우리가 알고 있는 대부분의 은행이나 금고 등 대부업체를 제외한 3,600여 개의 금융기관들이 가입하고 있다. 그렇기 때문에 워크아웃을 이용할 경우 위원회에 등록되어 있는 금융기관에서 빌린 돈은 탕감이 가능하다. 이때 이용할 수 있는 방법이 개인 워크아웃과 프리 워크아웃(사전 채무 재조정)이다.

이 제도는 개인과 개인이 거래하는 것처럼 위원회와 빚을 진 개인이 서로 약속하는 것으로 30일 이상 카드나 기타 이자 등을 연체되는 시점부터 이용할 수 있다. 따라서 3개월 이상 연체할 경우에는 개인 워크아웃을, 3개월 미만일 경우는 프리 워크아웃을 선택해 신청하면 된다.

특히 개인 워크아웃은 계속 불어난 이자는 면제되고 원금만 갚으면 되기 때문에 채무자의 부담이 훨씬 줄어든다. 여기에 장기간에 걸쳐 빚을 정리 하는 게 가능하다. 만약 3개월 이상 카드 금액 등이 연체되어 추심이 계속 들어오거나, 한꺼번에 정리해야 할 빚 때문에 현재의 생활이 어렵다면 이 제도를 이용하면 큰 도움을 받을 수 있다.

공적 구제 제도, '개인회생'과 '개인파산'

워크아웃이 금융기관과의 '사적인 약속'이라고 하면 개인회생과 개인파산은 법원과의 '공적인 약속'에 해당된다. 까다로운 절차를 거쳐 법원에서 '이 사람은 과하게 진 빚을 한꺼번에 갚을 능력이 되지 않으니 법으로 보호하겠다.'고 판결을 내리고 일정한 기간 동안 일정금액을 갚으라고 판결하는 것이다. 또한 워크아웃이 협약된 금융기관에서 대출받은 금액만 가능하다고 하면 공적 제도는 대부업계에서 빌린 돈과 지인이나 다른 방법으로 빌린 돈까지 모두 포함한다.

그래서 개인회생과 개인파산은 개인 워크아웃이나 프리 워크아웃보다 신청 절차가 까다롭다. 여기에 별도의 비용도 발생한다. 그러나 그 만큼 급박한 상황에서 신청하는 것이 개인회생과 개인파산이다. 특히 제1, 2금융보다 3, 4금융에서 돈을 빌려 갚지 못할 때 사용된다. 단,

개인회생 제도는 사적 구제 제도인 워크아웃과 달리 매달 일정 금액 이상의 수입을 가진 사람이 신청할 수 있다. 왜냐하면 법원에서 빚을 많이 탕감해 준다 하더라도 갚을 능력과 함께 앞으로 경제활동을 할 의지가 있는 사람에게 이 제도를 적용하기 때문이다.

개인회생은 빚이 무담보의 경우 5억 원, 담보를 잡힌 경우 10억 원 이하인 개인 채무자가 수입 활동을 하면서 3~5년간 일정한 금액을 변제하면 나머지 채무에 대해 면제를 해 주는 방식이다.

개인파산은 모든 채무 구제 방법 중 가장 마지막에 사용하는 방법으로 더 이상 빚을 갚을 수 없을 때 선택하는 것이다. 이 경우, 법원에서 파산을 선고하면 법원의 관리 감독 아래 자신이 가진 모든 재산을 돈으로 환산해 채권자에게 나눠 주어야 한다. 이런 과정을 거치는 동안 파산자는 사회·경제적으로 불이익을 당할 수 있으니 이와 관련해 꼼꼼히 살펴보는 것이 필요하다. 그렇다고 불이익이 지속되는 것은 아니다. 파산 절차가 종결되고 채무가 면책되면 기록은 삭제된다.

사례 48) 사금융에서 대출을 받았을 때

A씨는 카드돌려막기를 하다가 도저히 감당을 하지 못해 사금융에 손을 대고 말았다. 원금은 둘째 치고 하루가 다르게 늘어가는 이자 때문에 상황은 점점 악화되고 있다. 결국 워크아웃 제도를 이용해 이자를 탕감 받아 보고 싶은 생각이 든 A씨. 그런데 사금융은 워크아

웃 제도를 이용할 수 없다는 이야기를 들었다. 계속해서 걸려오는 추심 전화와 사금융회사의 협박이 무섭기만 하다. 워크아웃 말고 또 다른 방법은 없을까?

변호사 tip

신용 회복 제도는 신용회복위원회와 협약을 맺은 금융기관의 채무만을 대상으로 하고 있습니다. 말씀한 것처럼 제3금융인 사채는 워크아웃의 대상이 될 수 없습니다. 이런 때 취할 수 있는 방법은 법원의 개인회생 절차 또는 개인파산 절차입니다. 계속적 수입이 발생한다면 개인회생 절차를 신청할 수 있고, 최저생계비보다 수입이 적다면 파산 신청을 할 수 있습니다. 개인회생은 신청 후 개별 채권자의 추심을 금지하고, 일정한 요건을 갖추면 빚에서 완전히 해방됩니다. 이런 제도를 이용하지 않더라도 빚 독촉을 위한 폭행·협박, 야간 방문·전화·문자, 가족·지인에 대한 빚 독촉은 법으로 금지되어 있습니다. 위반하면, 5년에서 3년 이하의 징역 또는 벌금에 처하고, 손해 배상도 청구할 수 있습니다. 너무 마음만 졸이지 마시고 적극적으로 대응하시기 바랍니다.

사례 49) 신용불량 딱지 떼는 법은?

개인회생 절차를 신청한 A씨는 신용불량자가 되었다. 신용불량자라서 차를 구입하기도 힘들 뿐만 아니라 사회생활 하는 데 여러 가지 어려움이 따르기 시작했다. A씨는 언제 신용불량자에서 탈피할 수 있을지 궁금하다.

변호사 tip

개인회생 절차를 통해 변제 계획에서 정해진 변제를 완료하면 빚을 갚을 책임이 완전히 없어지게 됩니다. 법원은 변제 계획을 인가하면 은행연합회에 그 사실을 통보해 연체정보 등을 삭제하도록 하고 있습니다. 그렇다고 금융거래가 정상화 된다는 것을 의미하는 것은 아닙니다. 은행연합회는 연체 금액이 일정금액 이상이었다면 일정 기간만큼 그 기간을 관리합니다. 그래서 입출금 거래는 변제계획 인가만 받아도 가능하지만, 제1금융권에서 대출 거래는 개인회생중이라는 정보가 삭제되어야 가능합니다.

사례 49의 A씨처럼 개인회생 과정 중인 경우, 많은 사람들이 언제쯤 정상적인 사회생활을 할 수 있는지에 대해 많이 궁금해 한다. 이는 철수씨도 마찬가지다. 최근 철수씨는 압구정동에서 치킨집을 운영하던 나살려씨의 이야기를 듣게 되었다. 그는 가게 수익이 줄고 명도소송까지 겹쳐 빚이 늘어난 상태라고 했다. 설상가상 아파트 담보로 대출을 받은 것이 연체되자 경매로 넘어 갈까봐 사금융에서 돈을 빌리고 영업을 유지하기 위해 카드 돌려막기를 했던 터라 빚은 눈덩이처럼 늘어났다. 최악의 상황이 된 나살려씨는 1억 5,000만 원의 빚을 지게 되었다. 결국 개인회생을 신청한 그는 매달 들어오는 수익에서 부양가족인 3인의 최저생계비를 뺀 나머지인 20만 원을 성실하게 갚아나갔다. 그리고 약속한 5년이 되자 채무도 없어지고 신용도 회복되어 일상생활을 하는데 어려움을 느끼지 않게 되었다는 이야기를 한다. 오히려 더 이상의 빚 독촉을 받지 않게 되어 살 것 같다고 말한다.

나살려씨의 내용을 정리해 보면 공적 제도인 개인회생을 신청해 총 1억 5,000만 원의 빚 중 80퍼센트인 1억 2,000만 원을 감면받고 남은 3,000만 원에 대해서는 5년 동안 갚아 채무를 변제 받았다. 이후 신용불량에서 회복되어 정상적인 생활이 가능함을 보여준다.

사실 이런 경우 많은 사람들은 개인의 잘못으로 치부하고 자책하는 경우가 많다. 그러나 이러한 가계 부채가 꼭 개인만의 잘못이라고 보기는 어렵다. 가계 부채가 늘어나는 원인 중 하나가 금융 제도나 정책 등 제도의 불완전성에 의한 것일 수 있기 때문이다. 따라서 사회적 부담을 줄여 경제인들이 회생할 수 있도록 돕는 것이 사회의 몫일 것이다. 혼자 감당하기보다 사회 제도를 적극적으로 활용하는 지혜가 필요하다.

사례 50) 대부업체 추심, 어떻게 벗어날 수 있을까?

대부업체에서 밤에 추심 전화가 온다. 욕설과 협박 등 차마 입에 담지 못할 말을 하는 대부업체 직원들. 밤 9시가 넘어도 전화가 오고 심지어 새벽에도 전화가 온다. 사업장으로 찾아와 주변에 알린다고 하는 통에 날이 갈수록 스트레스만 쌓이고 도저히 장사에 집중을 할 수가 없는 상황이다. 추심을 하는 것은 어쩔 수 없다지만 해도 해도 너무 심하다는 생각이 든다. 이런 경우, 어떻게 해야 과도한 추심에서 벗어날 수 있을까? 매일매일 안절부절, 불안한 일상의 연속이다.

변호사 tip

우리나라에는 빚 독촉을 제한하는 법이 있습니다. 채권의 공정한 추심에 관한 법률이 그것입니다. 이 법에는 '채권추심업자는 추심을 의뢰받은 경우 채무자에게 서면 통지해야 한다.'라는 규정과 공정한 추심에 관한 절차가 상세히 규정되어 있습니다. 물론 욕하거나 협박하는 행위, 밤 또는 새벽에 전화하는 행위, 지인에게 알리는 행위도 모두 금지합니다. 따라서 위의 사례처럼 과도한 추심이 발생한다면 녹음과 사진을 찍어 경찰에 고소하는 것도 방법입니다. 경제적 피해를 봤다면 민사소송도 가능합니다. 최근에는 더 발전해서 채무자 대리인 제도가 도입 되었습니다. 변호사 등의 대리인이 선임되면 채무자에게 직접 연락하지 말고 대리인에게 연락하라는 제도입니다. 궁극적으로 빚 독촉에서 벗어나고 싶다면, 신용 회복 제도와 법원의 개인회생, 파산 제도를 이용하시기 바랍니다.

Tip

프리 워크아웃, 개인 워크아웃, 개인회생, 개인파산의 차이점 비교표

구분	프리 워크아웃	개인 워크아웃	개인회생	개인파산
운영주체	신용회복위원회		법원	
채무 범위	총 15억 원 이하 : 담보채무 10억 원, 무담보채무 5억 원	총 15억 원 이하 : 담보채무 10억 원, 무담보채무 5억 원	총 15억 원 이하: 담보채무 10억 원, 무담보 채무 5억(사채 포함)* 채무초과자는 일반회생 가능	제한없음 (사채 포함)
대상자	연체 기간 30일 초과, 90일 미만	연체 기간 3개월 이상, 최저생계비 이상 수입이 있는 자 등	채무자 : 급여소득자, 영업소득자, 공무원 등 계속적 일정 소득자	채무자 : (최저생계비 이상) 일정 소득 없는 자
보증인에 대한 효력	보증인에 대한 채권 추심 불가	보증인에 대한 채권 추심 불가	보증인에게 채권 추심 가능(보증인도 개인회생 파산 가능)	보증인에게 채권 추심 가능 (보증인도 개인회생 파산 가능)
채무조정 수준	신청일 기준 연체이자 감면 / 변제기 조정 : 무담보채권 최장 10년, 담보채권 최장 20년 분할 상환 / 이자율 조정 최대 50%	이자 전액 감면 가능 / 변제기 조정 : 무담보채권 최장10년, 담보채권 최장 20년 분할 상환 / 원금은 상각 채권에 한해 최대 50% 감면	변제 기간 3년 ~5년 변제액이 청산 가치보다 클 것	청산 후 면책
법적 효력	사적 조정에 의해 변제 완료 시 면책	사적 조정에 의해 변제 완료 시 면책	변제 완료 시 법적 면책	청산 후 법적 면책

은행연합회 정보 해제 여부	미등록	신용 회복 지원 확정 시 모든(연체 등) 정보 해제	변제 계획 인가 시 해제	면책 결정 시 해제
은행연합회/ 공공정보 내용	미등록	신용 회복 지원 중	개인회생 절차 진행 중	파산으로 면책 결정
은행연합회/ 공공정보 삭제 시기	미등록	채무 변제 완료/ 신용 회복 지원 확정 이후 2년 이상 변제할 때 삭제	채무 변제 완료/ 개인회생 인가 이후/최장 5년간 변제할 때 삭제	면책 결정 5년 경과 시 삭제

출처 : 신용회복위원회 / 대법원

철수씨는 개인 워크아웃과 개인회생 중 어떤 것을 선택하는 것이 자신에게 더 좋을지 고민을 했다. 개인 워크아웃은 개인회생이나 개인파산보다 절차가 까다롭지 않고 짧은 시간에 채무를 변제받을 수 있다는 장점이 있는 반면, 사채 등의 제3금융에서 진 빚에 대해선 탕감을 해주지 않는다는 단점이 있다. 대신 개인회생은 이자 및 원금 탕감은 물론 최저생계비 보장이라는 파격적인 조건을 포함하고 있다. 그러나 법적 질차를 거쳐야 하기 때문에 심사가 여간 까다로운게 아니다. 결국 철수씨는 워크아웃보다는 개인회생이 지금 자신의 상황을 가장 잘 헤쳐 나갈 수 있는 최선의 방법이라고 여겼다.

철수씨처럼 자신의 빚을 변제하는 가장 좋은 방법이 무엇인지 고민하는 것이 좋다. 아무개는 워크아웃을 했다더라 혹은 개인파산을 신청했다더라는 이야기만 듣고 휩쓸리다 보면 정작 자신에게 맞는 방법을 찾지 못할 수 있다. 나와 다른 사람이 선택한 방법은 내가 아니라 그 사람에게 가장 적절한 방법이었음을 명심하자.

만약 스스로 결정 내리기가 어렵다면 고민하지 말고 전문 법무사의 도움을 받는 것이 현명하다. 또한 보통 개인회생을 신청하면 서류를 구비하고 변제계획 인가까지 약 6개월 정도의 시간이 소요된다. 어려울 때 6개월은 짧은 시간이 아니다. 이 시간동안 가족의 생활비 등 앞으로 어떻게 대처할지 계획을 미리 세워 두는 것도 필요하다.

03 채무 변제, 그리고 1년 후

현재 철수씨는 개인회생을 신청하고 친구가 운영하는 곱창 가게에서 일을 하며 변제 과정을 거치고 있다. 친구의 곱창 가게는 소위 잘나간다는 동네가 아닌 그저 평범한 골목에 자리했다. 그런데 늘 안정적인 매출을 보인다. 세련된 가게는 아니지만 맛과 성실함으로 단골손님을 꾸준히 늘린 노력의 결과다.

요즘 철수씨는 몸은 조금 고되고 힘들지만 그것보다 더 값진 인생 공부를 하고 있다는 생각이다. 장사가 뭔지, 손님은 어떻게 대해야 하는지, 가게 주인은 어떤 마음가짐으로 일해야 하는지 등 그동안 책에서 배우지 못했던 수업을 하고 있다. 그리고 1년 동안의 변제계획 인가와 개인회생 절차에 들어갔다.

친구 가게에서 일을 하며, 장사를 어떻게 해야 하는지 배운 철수씨는 작더라도 자신의 가게를 다시 열 계획을 세웠다. 요즘은 친구 가게에서 일하지 않는 시간이면 틈틈이 여기 저기 다니며 장사할 곳도 알아보고 있다. 단, 조급하게 생각하지는 않을 생각이다. 지난 과정에서 배웠던 아프지만 값진 인생 공부를 통해 얻은 것은 '요행 보다는 실력이 가장 중요하다.'는 것이다. 지금 가게를 준비하는 과정은 카페를 처음 시작할 때와 별반 다르지 않아 보이지만 이제 더 이상 그때의 초보 자영업자 철수씨는 없다. 자신감도 부쩍 생겼다. 이제 부동산 중개업소에 들어가면 공인중개사들이 철수씨를 대하는 태도가 더 조심스럽기까지 하다. 여기에 우리나라 상가법에도 변화가 생기기 시작했다는 반가운 소식을 전해 들었다. 조금씩 장사에 대한 사람들의 생각에도 변화의 바람이 불고 있는 것 같다. 결국 사람들의 인식이 변해야 마음 편히 장사할 수 있는 세상이 오는 것이다.

사례 51) 개인회생 후, 소상공인 대출

인천에서 횟집을 운영하던 김씨는 한창 성수기인 여름에 장사가 되지 않아 결국 가게 문을 닫게 되었다. 남은 건 그동안 진 5억 원의 빚 뿐이다. 폐업 신고를 하고 법원에 개인회생 신청을 한 김씨. 우선은 당장의 빚 독촉에서 벗어나 다행이지만 문제는 이후의 생계를 위한 일자리 찾기다. 앞으로 조금씩이라도 돈을 모아 새로운 횟집을 열고 싶은데 생각처럼 쉽지가 않다. 이럴 경우 소상공인 대출이 가능할까?

변호사 tip

개인회생은 최저생계비 이상 계속적이고, 일정한 수입이 있어야 가능합니다. 그 수입으로 채무 중 일정 금액을 변제하기 때문입니다. 김씨는 일자리가 없어 수입 발생이 불확실하기 때문에 개인회생 절차에 적절하지 않습니다. 법원이 회생 개시 결정을 기각하거나 회생계획 인가를 내주지 않을 가능성이 높습니다. 오히려 김씨는 파산 후 면책을 받는 것이 더 현실적이고 빠릅니다. 그리고, 대출도 회생절차를 택했다면, 회생계획 인가가 나야 개인회생 자금 대출을 받을 수 있고, 파산을 택했다면, 파산 면책 후 5년이 지나 은행연합회 정보가 삭제되어야 일반 대출이 가능합니다.

사례 52) 대출금 미납 상황에서 소상공인 대출

연남동에서 카페를 운영하고 있던 진씨는 장사가 잘 되지 않아 가게를 처분하고 새로운 사업을 하려고 한다. 그런데 기존에 있던 대출금 상환도 다 하지 못한 실정이다. 그렇지만 재기를 위해서는 새로운 사업을 시작해야 생계비 마련도 가능할 것 같다. 이런 경우 진씨가 소상공인 대출을 받을 수 있는 방법은 없을까?

변호사 tip

소상공인시장진흥공단에서 지원해 주는 창업, 운전 자금을 이용해 보는 것은 어떨까요? 이 자금은 업체당 7,000만 원 한도(나들가게 등은 1억 원 한도)에서 대출기간 5년간 사용할 수 있습니다. 다만, 원칙적으로 기존 대출금의 대환대출용으로는 대출이 되지 않습니다. 지원 대상은 소상공인으로서 사업자등록증이 있어야 하고, 개인 또는 법인 모두 가능하나 비영리 사업자 또는 법인, 조합은 대상이 안 됩니다. 또 상시 근로자수가 5인 미만의 소상공인으로서 유흥업 등 제외 업종에 해당되지 않아야 가능합니다. 신청 조건을 맞추기 위해 소상공인컨설팅 등의 과정을 수료하면 도움이 됩니다.

명도소송을 진행하면 할수록 '혼자'라는 외로움을 느꼈다는 철수씨. 요즘은 워낙 명도소송 건수가 많아 철수씨 뿐만 아니라 많은 자영업자들이 겪는 '흔한' 일이 되었다. 그만큼 현행 상가법은 임차인에게 절대적으로 불리한 법임에 분명하다. 특히 철수씨가 건물 재건축을 이유로 가게에서 쫓겨난 사례는 건물주의 소유권과 재산권만 보호한 것일뿐 임차인의 재산과 생존권은 무시한 채 내린 판결이라고 볼 수 있다. 이에 같은 상황에 놓이거나 혹은 놓일 수 있는 많은 자영업자들을 중심으로 상가법 개정 운동이 활발히 일어나고 있다. 그 결과 지난 2013년 7월에는 상가법 일부에 대한 개정이 있었다. 이로 인해 2013년 8월 13일부터 개정된 상가법이 적용되고 있다. 그 내용을 살펴보면 최초 계약 시, 건물주는 임차인에게 재건축 예정일을 고지해야 한다는 의무 조항을 입법화한 것이다. 그러나 안타깝게도 철수씨와 같이 개정 이전에 계약된 사례의 경우에는 개정된 상가법의 적용을 받지 못한다.

　그러나 분명한 것은 이러한 변화가 만족스럽진 않더라도 충분히 다행스러운 것은 사실이다. 우리 사회 전반에 걸쳐 세입자, 즉 임차인이 처한 불평등한 상황에 대해 인지하고 이에 대해 개선해야 한다는 목소리가 높아지고 있는 것도 여간 반가운 소식이 아닐 수 없다. 2015년 3월 현재 권리금을 법으로 보호하는 상가법 개정안이 법사위에 상정되어 계류중에 있다. 이 법이 본회의에 온전하게 통과되면 임차상인들이 일궈놓은 권리금이 법으로 보호받을 뿐 아니라 임대인이 권리금 양도 양수를 방해하지 못하게 된다. 보호범위, 즉 환산보증금으로 나눠 상가법의 보호를 받지 못한 고액의 임차료를 지불하고 있는 임차인에게도 대항력이 부여되어 건물주가 바뀌어도 그대로 장사 할 수 있어 좀 더 마음 편하게 장사 할 수 있도록 된다. 아직은 시작에 불과하다. 앞으로 장사가 단순히 돈을 벌기 위한 수단이 아니라 새로운 문화를 만들 수 있는 밑거름이 되기 위한 노력들은 계속 되어야 할 것이다.

내용 출처 : 신용회복위원회 / 대법원

7장

장사도
문화다

장사에 대해
다시 생각하다

장사에 대해 다시 생각하다

가게를 시작하고 허망하게 접은 후 다시 일어서기까지, 그동안 수많은 일을 겪어야 했던 철수씨. 지금도 지난 시간을 생각하면 마치 꿈을 꾼 것만 같다. 많은 어려움이 있었지만 다시 재기를 위해 가게 오픈을 준비 중이다. 첫 번째 창업의 결과가 좋지는 않았지만 실패를 통해 '장사'가 무엇인지 다시 생각해 보게 되었다.

오늘도 집주인에 의해 권리금도 받지 못하고 쫓겨났다는 임차인에 대한 안타까운 뉴스를 접했다. 이젠 이런 이야기를 들으면 마치 내 일처럼 마음이 아프다. 예전에는 귀담아 듣지 않았던 이야기도 더 자주 들리는 것 같다. 장사를 시작하기 전까지만 해도 장사는 나만 잘하면 되는 줄 알았다. 그런데 직접 장사를 해서 망해 보니 결코 나만 잘해서 되는 게 아니라는 것을 알게 되었다. 그리고 단순히 물건을 사고파는 것이 장사의 전부가 아니라는 것도 알게 되었다. 나 자신과 가게를 찾아주는 손님들, 그리고 주위 이웃들까지. 장사는 그 모두가 함께 어우러질 때 가능하다.

다시 가게를 시작한 철수씨는 이제 창업에서 가장 중요한 것은 뭐니 뭐니 해도 '계약서'라는 것을 잘 안다. 세상의 모든 일이 그렇지만 그가 겪은 자영업의 세계는 냉정했다. 이제 누구보다도 꼼꼼하게 계약서를 살피게 된 철수씨. 그동안 실패에서 배운 장사 노하우가 있어 스스로 자신감도 생겼다.

큰 욕심 없이 조금씩 단골이 늘어가는 골목 어귀에서 시작한 가게, 그곳에서 철수씨와 그의 가족들은 새로운 희망을 꿈꿔 본다.

01 홍대 앞에는 무슨 일이 있었나?

요즘 새롭게 장사를 시작한 많은 자영업자들은 철수씨와 같은 사례를 심심찮게 듣게 된다. 특히 흔히 말하는 서울의 인기 상권인 가로수길, 경리단길, 서촌, 홍대 등은 그 정도가 지나친 경우가 많다.

최근 홍대 주변에서는 장사하고 있는 상인들이 부동산과 건물주에 의해 권리금도 제대로 받지 못하고 쫓겨났다는 기사가 나기도 했다. 권리금이 법으로 보호받지 못한다는 것을 악용하고 있는 것이다. 또 다른 변화는 최근 몇 년 사이 홍대지역 터줏대감인 예술가나 개성있는 가게, 문화공간들이 다른 곳으로 대거 이동하고 있는 것이다. 예술가들이 홍대 앞을 떠나는 가장 대표적인 이유는 임대료 상승이다. 껑충 뛰어오른 월세는 홍대 주변을 터전으로 활동해 오던 젊은 예술가들의 숨통을 조이고 있다. 결국 홍대 앞이 싫어져서가 아니라 높은 임대료를 감당할 수 없어 어쩔 수 없이 떠나고 있다. 그리고 이러한 임대료 상승의 저변에는 기획부동산이 존재한다.

기획부동산과 건물주가 결탁하는 과정을 살펴보면, 대부분 부동산에서 건물주를 부추기는 경우가 많다. 한마디로 비정상적으로 임대료를 올려 세입자를 내쫓는 식이다. 수요가 많다 보니 세를 무리하게 올려도 들어오는 이들이 있기 마련이다. 그러나 임대료와 매출이 불균형하여 세를 감당하지 못하고 나가는 경우도 많다. 뿐만 아니라 권리금도 건물주가 챙기는 경우까지 있는데 일단 쫓아낸 다음 바지사장을 내세워 장사를 하는 척 하다가 권리금을 받는 경우와 권리금을 월세에 녹여 무권리금이라는 이유로 월세를 대폭 인상하는 방법이 있다. 앞에서 설명한 방식으로 홍대 앞 터줏대감 역할을 하던 국내 3대 제과점이라 불린 제과점과 까다로운 선곡으로 지나가던 행인의 귀를 오랫동안 즐겁게 해주던 레코드가게도 가게를 접거나 옮겨야 했다.

사람들은 흔히 이런 일에 '자유경쟁시장'론을 적용하며 마치 공정한 거래가 이루어진 것처럼 이야기한다. 하지만 내부를 들여다보면 '자유경쟁'이 아니라 상대적으로 더 큰 자본의 편의를 봐주는 불균형한 보호주의 성격을 갖고 있음을 알 수 있다.

일단 홍대 앞 이야기를 좀 더 해보자. 홍대 앞 상권 형성을 이야기하기 위해서는 시간을 거슬러 1990년대로 올라가야 한다. 사실 1990년대까지만 해도 홍대 앞은 신촌의 변두리였다. 1990년 초반 상수에 있는 서울화력발전소의 발전 원료가 석탄에서 LNG로 바뀌면서 홍대 앞(지금의 주차장 거리)을 지나며 석탄을 옮기던 철로가 철거되기 시작했다. 그 후 신촌의 변두리였던 홍대 앞은 급격한 변화를 겪게 된다. 1980년대 경제부흥기를 통과하며 자본이 생긴 부모들은 홍대 미대에 다니던 자식들에게 신촌에 비해 상대적으로 저렴했던 홍대 앞에 작업실이라도 차려줄 요량으로 공간을 임대받았다. 임대받은 공간은 '아틀리에-작업실'의 기능만 하는 것은 아니었다. 작업실에서 그들은 인생고민과 함께 새로운 형태의 예술에 대해 의견을 나누었고 친구가 친구를 데려와 소개 시켜주었다. 젊은 예술가들은 더 재미있는 놀이를 찾고자 했다. 거칠게 생산한 것을 작은 전시나 공연을 통해 그들의 영역을 활발하게 확장하였다. 그런 과정이 연속되며 보다 많은 젊은 예술가와 관람객이 홍대 앞을 찾게 되었고 '홍대 앞'은 실험적이며 자유로운 젊은이들의 탈출구라는 이미지를 형성시켜 나갔다.

예술가들 주변에 사람들이 모이는 것은 동서고금을 떠나 자연스럽게 이루어지는 일이다. 파리의 몽마르트 언덕도, 뉴욕의 브루클린도, 러시아의 아르바뜨 거리 등도 모두 예술가들이 먼저 생활했던 곳이다. 그리고 예술가들의 삶이 조명되고 여러 노선을 통해 알려지면서 세계인이 사랑하는 곳이 되었다. 최근에는 문화에 기반을 두는 경제 성장 알고리즘을 이용하기 위해 정부나 지방자치단체에서 예술가들과 함께 도시에 버려진 폐공장 등의 공간을 꾸미는 작업을 통해 도시 재생을 시도하고 있다.

그렇다면 왜 이토록 많은 사람들이 예술가들 주변으로 모이게 된 것일까? 한마디로 그들이 '잘 먹고 잘 놀기 때문'이다. 예술가들은 늘 보다 재미있게 놀고먹는 방법을 끊임없이 연구한다. 누군가는 놀고먹는 일에 무슨 연구까지 하느냐고 하겠지만, 그것은 결국 삶을 보다 윤택하게 하는 방법, 즉 여러 가지 형태의 문화가 융합되며 만들어지는 콘텐츠와 직결된다. 그리고 다양한 문화 콘텐츠는 사람들의 의식을 깨우고 참여하게 하며 서로를 불러 모으기 마련이다. 사람들이 모이고 입소문이 나면 홍보의 파급력은 더 커진다. 특히 이러한 예술가들의 활동은 생기를 잃은 도시와 만났을 때 큰 힘을 발휘한다. 최근에는 예술 관계자뿐 아니라 정치가와 지방자치단체 행정가들이 나서 예술가들과 함께 하며 지역 활성화 정책을 만들어 나가기도 한다.

축제 같은 경우 지역민뿐 아니라 정치인들이나 행정가들이 서로 욕심을 내어 조직위원장 같은 보직을 맡으려고 하는 경우도 많다. 아마도 문화 예술에 조회가 깊다는 이미지와 함께 추억을 공유하게 하고 문화지역으로 격상시켰다는 고급한 이미지까지 적용되기 때문일 것이다.

이는 비단 정책에만 해당되지 않는다. 소비자 입장에서도 새롭고 다양한 문화 욕구를 충족하기 위해 굳이 해외에 나가지 않아도 된다는 장점이 있다. 이국적인 음식과 이색적인 인테리어로 꾸며진 공간이 충분히 일상을 환기시키는 역할을 하기 때문이다. 발걸음은 점점 늘어나, 단 하나의 가게가 유명해져도 골목 전체의 경기가 살아나는 효과를 거두기도 한다. 그렇게 층층이 만들어진 문화는 사람들의 추억과 함께 여러 루트로 알려지며 확산되어 더 넓은 지역에도 경제적인 베네핏(benefit)을 주기도 한다.

홍대 앞도 처음에는 예술가들의 작은 도발(?)로 시작하여 지금의 대규모 상권을 형성시킨 촉매 역할을 하였다. 어린이 놀이터였지만 매주 일요일 '플리마켓(Flea marke)'을 열면서 시작된 '홍대 앞 예술시장'도 예술가들의 작은 도발 중 하나였다. 마이너 작가들의 작품이 공개

되자 구경꾼들의 시선을 사로잡았을 뿐 아니라 전문가들의 러브콜도 이어졌다. 그 자리에서 여러 형태의 예술작품이 거래되었다. 일부 작가는 메이저 갤러리와 함께 해외에서 전시를 열며 서열과 엘리트주의가 만연했던 미술계 지형도에 적잖은 영향을 끼쳤다. 한 영역의 판도까지 바꿀 정도의 영향력이 생기자 홍대 앞 놀이터는 젊은 작가들이 도전하고 싶은 장소가 되었고 자유롭지만 책임 있는 자리가 되었다. 이후 음악과 춤을 사랑하는 홍대 앞 작은 클럽들이 모여 '클럽데이'를 만들며 1990년대 후반에서 2000년대 중반까지 홍대 앞 거리는 신선한 활기를 띠게 되었다.

그 후 클럽이 모인 골목 뒤의 2층이나 지하에 비교적 저렴한 공간을 임대받아 운영하는 대안공간이나 문화시설이 들어서며 문화 예술 생산자나 향유자들이 유입되었고 유동인구 확산에 가속이 붙기 시작하였다. 그러나 동시에 임대료는 법과 상도를 넘어 급상승하고 말았다. 급기야 높아진 월세를 감당하기 힘든 예술가와 그들과 함께 기획을 돕던 예술기획자들은 하나 둘 홍대 앞을 떠나 이주해야 했다.

어느 인디밴드 기타리스트의 고민

이번에 이사를 한다는 어느 인디밴드 기타리스트 A씨. 홍대 앞으로 온 뒤 11번째 이사다. 12년 전 이십대 초반이었던 그는 더 많은 사람에게 자신을 알리고 교류하기 위해 대구에서 홍대 앞으로 왔다. 그런데 홍대 앞은 음악 활동하며 생활하기에 좋은 반면 불안한 것이 있었다. 매년 오르는 월세는 정기적인 수입이 없는 그가 감당하기에 녹록하지 않았다. 그러다 보니 매년 이사를 할 수 밖에 없었고, 상황이 이렇다 보니 변변한 가구는 생각지도 못했다. 오히려 월세에 맞춰 이사를 하다 보니 점점 홍대 앞과는 멀어지게 되었다.

계속해서 월세는 급격히 올라 처음 홍대 앞에 이사 왔을 때에 비하면 6~7배 이상이 되었고, 최근 처음 자취했던 곳에 가보니 자취방은 술집으로 바뀌어 별천지 같았다고. 조용했던 골목에 사람들이 넘쳐나 밀려다니는 것을 보며 어리둥절했다고 한다.

이처럼 예술인이 문화를 만들어 놓은 지역은 집세가 비싸져 문화 생산자인 예술가는 그곳을 떠나야 하는 아이러니가 반복되고 있는 셈이다.

02 장사도 문화다!

홍대 앞에 소위 '힙스터(미국은 여피족이라 한다)'라는 새로운 소비층 유동인구가 늘어나자 그들의 독특한 취향을 만족시킬 소규모 옷가게나 소품가게 같은 상점이 생기기 시작했다. 동시에 대형 커피 프랜차이즈가 큰길가에 유입되면서 홍보 마케팅 선점 경쟁이 벌어졌다. 이윤과는 관계없이 광고 홍보하기 좋은 곳을 중심으로 점령해 온 프랜차이즈는 대부분 본사 직영이다. 이렇게 대형 프랜차이즈가 상권에 들어오면 주변에 비슷한 업종을 하는 가게들은 대기업 프랜차이즈의 자본력에 고객을 뺏기며 악영향을 받다가 무너지고 만다. 이처럼 전 세계 어디나 문화예술이 꽃피는 거리는 흥하지만, 반대로 적당한 규제가 없으면 자본에 밀려나 개성을 잃은 후 유동인구 이탈로 상권이 빠르게 쇠락하여 사라지는 사례가 생겨난다.

많은 사람들이 장사가 문화라고 하면 '무슨 소리야!'하고 의아해 한다. 그러나 우리 주변에서 벌어지고 있는 여러 가지 삶의 양식을 '문화'라고 부른다면, 문화라는 것이 그리 거창한 것만은 아닐 것이다. 그리고 문화를 발전시켜 가꾸는 것을 '예술'이라고 한다면, 장사도 그 자체로 예술의 일부를 이루고 있는 하나의 형태이자 본질이라는 것도 이해할 수 있을 것이다.

하지만 우리나라에서는 장사꾼, 장사치를 벗어나 문화생산자로 전환되기엔 역부족이다. 어떤 사람이 하나의 요리를 연구하다가 가게를 열어 손님을 맞이하여 자리를 잡아 그 동네의 명물이 되었다고 해보자. 적지 않은 시간이 필수요소일 텐데 우리의 환경 속에서는 건물주가 나가라고 하기 전에 빨리 돈 벌어 적당한 권리금 받아 자리를 뜨기 바쁘다. 그들에게 충분한 시간이 주어진다면 장사 전략과 전술은 더 내밀해 질 것이다. 요리의 경우 맛만으로 평가하는 것이 아니라 인테리어, 소품, 서비스 등 가게 주인장의 경험과 취향을 향유하였는지 생각해 보면 알 수 있다. 맛을 평가하는 요소는 그릇 안에 있는 음식 외에 서비스나 분위기 등 여러 요소가 복합되어 작용하기 때문이다. 더 많은 사람들이 오가고 즐기기 위해서는 어느 정도의 시간이 축적되어 개인의 추억과 이야기가 쌓이면서 소중해지고 의미가 생기기도 하는데 우리의 임대차 환경은 건물주에게 너무 많은 권리가 부여되어 가게를 꾸리고 있는 사람의 재산권과 생존권은 물론 소비자의 향유권마저 건물주 한 개인의 판단에 달려 있다. 이런 임대차 환경에서 문화가 어느 한 지역에 정착하여 제 역할을 하기란 거의 불가능에 가깝다고 해도 과언은 아닐 것이다.

혹자는 종종 이웃나라 일본과 비교하기도 한다. 일본은 100년 가업을 잇는 곳이 많은데 우리나라는 그런 곳을 찾기가 어렵다며 이를 젊은 사람들 태도의 문제로 단정 짓는 경향이 있다. 하지만 좀 더 자세히 살펴보면 오랫동안 장사하며 가업을 물려받을 수 있기 위해서는 제도와 관련법이 뒷받침이 되어야 하는데 우리는 가업을 물려받기에 매우 열악한 구조로 되어 있다. 게다가 골목 상권으로 진입한 거대 자본력을 갖춘 대기업과 소상인이 무한 경쟁을 해야 하는 현실에서는 골목에서 가업을 생성시켜 이어주기는커녕 쫓겨나지 않고 한 곳에서 그저 마음 편히 장사할 수만 있으면 좋겠다고 상인들은 말한다. 좀 더 말하자면 세 들어 장사하는 사람, 즉 임차상인의 운명은 일제 강점기 때 노는 땅을 임대해 주고 농사꾼이 그 땅을 밭으로 만들어 농사가 잘되면 땅주인이 나타나 다시 그 땅을 빼앗아 본인의 것으로 만들었던 시절의 소작농과 다르지 않다. 뿐만 아니라 앞에서 말한 것처럼 소비자의 선택권과 향유권도 임차상인과 함께 건물주에게 달려있으니 건물주가 조물주라는 세간의 말도 과장된 것은 아닐 것이다.

30년 역사의 홍대 앞 리치몬드과자점 폐점

지난 2012년, 홍대 앞에서 30년 동안 자리를 지켰던 리치몬드과자점이 문을 닫았다. 이 일은 홍대 앞 상권뿐만 아니라 공중파 뉴스에 소개될 만큼 당시에 큰 이슈였다.

어떻게 보면 단순히 빵집 하나가 폐점을 했을 뿐인데 너무 과한 관심을 보였다고 생각할 수도 있다. 그러나 많은 사람들은 이 사건을 통해 홍대 앞이 그동안 지켜왔던 문화 자양분 하나를 잃었다고 생각했다. 더불어 무분별한 대기업 프랜차이즈에 대해 생각해 보게 되는 계기가 되었다. 그만큼 리치몬드과자점은 지난 30년 동안 홍대 앞이 가지는 상징적인 의미가 있었다.

리치몬드과자점은 지난 1982년 건물이 세워지고 그 이듬해인 1983년에 문을 열었다. 당시 1호 리치몬드과자점이었던 이곳을 중심으로 리치몬드과자점은 성장하기 시작했다. 당연히 이곳을 거쳐 간 사람도 많다. 이곳을 기억하는 외국인 관광객도 많았다. 홍대 앞에서 30년간 단골손님을 만날 수 있는 거의 유일한 곳 중의 하나이기도 했다. 나이 많은 노신사부터 10대 청소년까지 그 연령층도 다양했다. 리치몬드과자점 단골 중에는 외국에 이민을 갔다 한국에 들를 때마다 이곳을 찾는 사람도 있을 정도다. 그만큼 많은 사람들의 기억 속에 좋은 추억으로 남아 있다.

그런 이곳에 변화의 조짐이 일기 시작한 것은 지난 2010년이었다. 당시 새로 리모델링을 하고 다시 영업을 시작한지 6개월 만에 건물주가 가게를 비워달라고 통보했다. 알고 보니 건물주는 리모델링 오픈 1달 후인 11월에 새로운 세입자와 계약을 마친 상태였다. 그렇게 쫓겨나듯 가게를 비워 주고 그 자리에 들어선 것은 대기업이 운영하는 프랜차이즈 카페였다.

문을 닫는 마지막 날, 많은 손님들이 가게를 찾아와 함께 안타까워했지만 거대한 자본의 힘을 막을 수는 없었다. 그렇게 홍대 앞 상권의 거점으로 자리 잡았던 리치몬드과자점이 문을 닫았다.

마지막 날 리치몬드과자점을 찾은 한 고객은 "대기업 브랜드가 이 자리에 온다는 소식을 듣고 정말 화가 났다. 우리나라 사람은 모두 똑같은 베이커리 회사에서 만든 제품을 먹어야 되느냐?"고 반문하기도 했다.

골목상권을 침해하는 대기업들에 이어 대기업에 상가를 임대해 주고 싶어 하는 상가 주인까지, 영세 상인들은 갈수록 갈 곳을 잃고 있는 실정이다.

상인의 노력과 고객의 발걸음은 건물주에게 여러 가지 자본의 형태로 환산되어 보상된다. 하나는 임차료이고 하나는 건물을 매매할 때 생기는 차익이다. 건물주가 목 좋은 위치에 건물을 매입하여 공간을 임대해 준 기여로 이익을 얻는 것에 이견은 없다. 그렇다면 사람을 불러 모은 상인의 노력에 대해 영업수익을 제외하고 별 다른 보상이 없는 현재의 구조에는 문제가 없는지 진단을 해보자.

우리 상가법은 건물주의 '소유권'과 임차인의 '재산권 및 생존권' 분쟁에서 소유권자의 손을 들어주는 이유는 간단하다. 우리 법이 임차인의 재산권의 실체를 협소하게 정의하고 있어 건물주의 소유권을 우선하도록 규정하고 있기 때문이다. 그래서 임차인의 유형의 재산인 가게가 사라지면 장사하며 발현된 유무형의 가치도 동시에 휘발되고 만다. 어느 날 갔더니 단골가게가 사라져 상실감을 갖게 되었다는 어느 고객의 탄식은 우리 사회의 협소한 문화 가치를 드러내는 일면일 것이다.

자본의 강력한 힘으로 높고 반듯한 건축물이 조성된 도시의 획일화 패턴과 생활은 마치 프랜차이즈처럼 신속, 정확함을 요구한다. 그 속에서 사람들의 정서는 조금 어지럽지만 여러 이야기가 만나 모이는 곳에 안식처를 마련하고 싶어했을지도 모른다.

실례로 지금의 서촌, 홍대 앞, 가로수길 같은 비교적 낡은 건물이 자리하고 있는 곳의 발견이 그렇다. 그러나 그것도 잠시, 그들의 안식처는 다시 자본의 보이지 않는 못된 손이 작용하며 골목까지 쫓아와 획일화시키는 과정을 반복해서 경험하게 한다.

이처럼 장사하며 발현된 문화가 고착되지 못하고 반복해서 떠돌아다니게 되면 창업이나 재개업할 때 거시적인 목표보다는 리스크를 적게 가져갈 수 있는 미시적인 목표를 세우기 마련이다. 그래서일까, 골목 안 장사는 단발성 사업에 치중하며 더 자극적이고 더 화려한 것을 쫓거나 박리다매 또는 변칙적으로 이익을 보려는 건전하지 못한 상술로 넘쳐나고 있다.

부동산 감정평가를 하는 3가지 방식(원가, 비교, 수익) 중 비교, 수익 방식에는 임대료의 가치가 반영되는데 건물이 위치해 있는 상권을 분석하여 도출하는 것이다. 즉, 과거에 비해 변화된 유동인구, 다시 말해 소비자의 발걸음이 증대되면 임대료에 변화가 생겨 부동산 감정 평가에 빠질 수 없는 요소로 작용된다.

그렇게 상권이 활성화된 곳에서 여러 건물의 가치가 높게 평가되면 거리 전체에도 영향을 주어 동반상승한다. 따라서 상권을 형성하고 부동산 가치를 평가하는 요소에 장사하는 행위뿐 아니라 소비자의 다양한 유무형의 소비 패턴과 향유와 같은 정신적 가치도 부동산 감정평가에 영향을 주는 것이다.

그렇다면 상인의 노력과 소비자의 발걸음은 그들에게 어떻게 환원되는지도 살펴봐야 한다. 앞에서 말했듯 현재까지 우리 의식과 제도는 부동산 소유자에게 재산의 증대로만 돌려주었다. 앞에서 지적했듯 여러 요소가 복합되어 부동산 가치를 증대시켰음에도 불구하고 결국 소유자에게만 이익이 환산되는 것은 소비자 향유권과 같은 무형의 권리를 고려하지 않아 생기는 오류이다. 이런 오류는 계속해서 상대적으로 작은 자본이 밀려나게 만들고 그 사이에 다양하게 발현된 문화도 몰아내며 결국 어디에나 있는 획일화된 상권이 되어 이야기는 멈추고 같은 제품을 더 싸게 사는 구매력이 경쟁력이 되는 골목이 되어 정을 붙일만한 매력을 잃게 된다. 이는 상권이 하락하는 결과에 도달하게 할 우려가 있다.

당연한 이야기겠지만 매력을 잃은 상권에 더 이상 자본이 머물 이유가 없기 때문에 그들 역시 철수하기에 이른다. 그 후 자본에 임대를 주며 이익을 보던 건물은 더 이상 예전만큼의 수익을 내지 못하거나 심한 경우 부도가 나 결국 제로섬 게임으로 연결되기도 한다.

상황이 이렇게 되니 제로섬 게임으로 끝나 부도가 나는 거리에 정부와 지방자치단체가 나서며 결과를 억제할 방안을 마련하고 있다. 하지만 단기적인 지원 같은 미시적인 미봉책이 대부분이다. 그 이유로 임대차 계약관계는 사인 간의 계약 행위이며 소유권은 사적재산이라고 설명하며 한계를 말해왔다.

그렇다면 한계를 넘어서기 위해 오랜 세월이 걸릴지라도 법제도 개선을 비롯하여 정책 등 구조에 변화를 주며 해답을 찾을 수도 있을 것이다. 그러나 무엇보다 순환적 이익이 되는 '문화'를 생각해 볼 때 골목경제의 주체는 건물주가 아니라 소비자발걸음이라는 인식의 전환이 앞서야 악순환을 억제시킬 방법이 마련될 것이다. 따라서 고객행복추구권이 인식되고 인정될 때 더불어 임차상인의 신분도 함께 보장 받을 수 있는 구도가 형성되는 것은 당연한 것이다. 바꿔 말하면 그동안 임차상인이 꿈꿔왔던 임차권의 생명연장의 꿈에는 자신의 가게를 찾아준 고객의 입장을 고려하지 않은 채 병약한 마음으로 소유권 앞에서 포기한 것은 아닌지 되돌아 볼 필요가 있다. 상인이 스스로의 권리를 포기하는 사이, 건물주는 자본이 주는 안락함에 취해 있는 동안 거리는 대형 프랜차이즈로 획일화 되면서 소비자의 이탈 현상이 벌어진다. 한번 이탈되면 다시 되돌리기는 거의 불가능에 가깝다. 그렇게 이탈된 대표적 사례 중 한 곳은 1990년대 초 호황을 누렸던 압구정동이며, 또 다른 한 곳은 30년 가까이 대표적인 대학가로 아성을 떨쳤다가 무너진 지금의 신촌이다. 신촌은 현재 반성 중에 있다고 한다.

한 때 홍대 앞이 신촌의 변두리였지만 지금의 신촌과 이대가 홍대 앞의 변두리로 전락해 버린 현상을 두고 사람들은 욕심이 부른 자업자득이라고 평가하기도 한다.

대학가의 대명사에서 무너진 신촌

1990년대 말, 2000년대 초까지만 해도 우리나라의 대표적인 대학가는 이대와 신촌이었다. 언제나 젊은이들로 넘쳐나며 불이 꺼지지 않았던 이곳은 영원할 것만 같았다.

그러나 최근 신촌을 다녀온 사람이라면 누구나 '썰렁하다'고 말할 정도로 신촌을 찾는 사람들의 발길이 뜸해졌다. 이제 과거의 영광만 추억으로 남아 있을 뿐이다. 오히려 텅 빈 거리가 무서워 가기 싫다는 사람이 생길 정도다. 이대와 신촌 거리는 어쩌다 이렇게 되었을까?

물론 여러 가지 요인이 있지만 가장 큰 요인은 천정부지로 치솟는 임대료를 피해 문화 예술인들이 대거 다른 지역으로 이주했기 때문이라는 의견이 많다. 그중에서도 당시 많은 문화 예술인들이 상대적으로 저렴한 홍대 앞으로 대거 몰리면서 신촌 상권은 조금씩 무너지기 시작했다.

그러다 보니 지금은 임대료를 대폭 인하해도 공실이 생길 정도다. 서울시 및 자치구에서도 차 없는 거리 조성 등, 상권 회복을 위해 노력하지만 한번 무너진 상권은 좀처럼 회복될 기미를 보이지 않아 상인들의 속을 태운다. 대기업 프랜차이즈들도 하나 둘씩 철수를 하고 있는 추세다.

이젠 40년 아성의 신촌이 무너졌다는 것에 누구도 이의를 달지 않을 정도가 되었다. 신촌 상인 협회에서도 모임을 통해 여러 가지 자구책을 내고 있지만 쉽지 않은 실정이었다. 상황이 이렇게 되자 급기야 서울시는 100억을 들여 4년 동안 신촌과 이대를 살리는 지원책을 마련하여 지원하기로 하였다.

신촌의 흥망성쇠를 보며 많은 사람들은 홍대 앞 상권에 대해 이야기하기도 한다. 지금 홍대 앞 건물주와 상인들도 신촌을 보며 타산지석으로 삼아야 할 때다.

문화 백화 현상

문화 백화 현상이란 도심 공동화 현상처럼 문화 예술이 지역에 생성되어 활기를 띠며 융성되다가 지가 상승 등 외부 요인으로 밀려나 문화예술이 지역에서 사라지는 현상을 말한다.

문화나 예술생산자가 지가 상승으로 인해 밀려나면 어떻게 될까? 앞에서 이야기한 것처럼 결과는 좋지 않다. 상권은 하락하고 결국 지역 상권은 회생이 잘 되지 않는다. 이런 현상은 국내뿐 아니라 전 세계적으로 벌어지는 일이기도 하다. 뉴욕의 브루클린, 도쿄 등도 같은 일을 겪고 정책을 바꿔 나갔다. 우리도 다른 분야에서 비슷한 경험이 있다. IMF 이후 카드사의 카드발급 남발로 시작된 카드 대란은 처음에는 절재력 없이 사용한 소비자의 탓을 하며 소비자가 모럴해저드(도덕적 해이)에 빠졌다고 비판하며 소비자 탓을 하다가 해외 사례를 연구한 후 반대로 기업의 모럴해저드를 이야기하며 해외도 비슷한 상황을 겪으며 법이 제·개정되어 카드사에서 엄격하게 카드발급을 하고 관리한다며 보도 방식이 바뀐 사례가 있다. 이처럼 일정한 규제가 없으면 문화가 보호되지 않고 자본에 밀려 서로 충돌할 수밖에 없기 때문에 적당한 규제를 통해 보호할 필요가 있는 것이다. 이렇듯 사람들은 문화가 풍부하게 발전된 미래의 모습보다 코앞의 이익을 바라보기 때문에 자본의 유혹에 쉽게 손을 내민다.

이처럼 일정한 상권의 임대차 관계가 계속해서 더 큰 자본으로 흘러가면서 기존의 문화를 몰아내며 발생되는 문화 백화(文化白化) 현상은 일정한 매카니즘을 갖고 지역공동화를 향해 전개된다.

문화 백화 현상의 과정

저렴한 임대료(지역) ➡ 예술가의 유입(거처) ➡ 문화예술가 공간 ➡ 유동인구 증가 ➡ 상업시설 진입 ➡ 본격적인 상업화 ➡ 예술가 타 지역으로 이주 시작 ➡ 대기업 프랜차이즈 유입 ➡ 상업화 과열 ➡ 저소비자층 유입 및 팽창 ➡ 대기업 프랜차이즈 철수 ➡ 문화 백화 현상 ➡ 공실 점포 발생 ➡ 부동산가격 하락 ➡ 건물 연쇄부도

문화가 빠져버린 상권은 결국 어두워진다. 서울의 경우 한국감정원 조사 결과 2014년 기준 평균 계약 기간이 1.7년이라는 것은 제도적인 모순이 크다는 이야기와 맞물린다. 안정적으로 점포를 임대받아 활동할 수 있는 환경은 상인의 생존권과 재산권은 물론 소비자의 향유권을 보호하는 기능을 갖는다. 반대로 불안정한 임대환경은 임차인의 권익은 물론 소비자의 소비권, 더 나아가 문화 향유권마저도 위협하고 있다는 사실을 인식할 수 있다. 역시 그 수명이 짧을 수밖에 없다. 안착하지 못하는 문화예술의 이유가 예술진흥법과 관련이 있는 것이 아니라 상가건물임대차보호법과 관련이 깊은 이유가 이런 메커니즘이 작용하기 때문이다. 문화나 예술은 어느 한 개인의 소유가 아닐 것이다. 그렇다면 일정한 취향이 발현되는 소비문화 역시 임대인이나 임차인의 것이라기보다 소비자의 것, 즉 직접 소비자 및 향유자의 권리라는 생각의 변화가 생길 수 있도록 의식을 변화시킬 필요가 있을 것이다.

03 젠트리피케이션gentrification

최근 들어 젠트리피케이션 현상에 대한 관심이 높다. 여러 가지 이유가 있겠지만 그 중 하나가 앞에서 설명한 문화 백화 현상과 같은 상실감 때문일 것이다. 그 중심에는 상권의 가치와 권리에 소유권만 인정하는 우리 법의 모순이 크게 자리잡고 있다. 과거 소작농이 그랬듯 상권의 가치를 높이는 요소에 상인의 노력과 고객의 발걸음이 빠져있다는 것은 매우 안타까운 일이다. 그것은 인식 차이일 수 있겠으나 때로 법이 인식을 만든다는 것을 간과해서는 안 될 것이다.

아래 내용을 보면 우리가 처해 있는 상황이 다르지 않다는 것을 알 수 있다.

미국에서는 1970년대부터 '여피(yuppie)', 즉 '도시에 사는 젊은 전문직 종사자(Young Urban Professional)'들이 출현하면서 대규모의 젠트리피케이션이 일어났는데, 그렇다고 해서 교외로 탈출하는 것에 변화가 생긴 건 아니었다. 1970년대 도심지 이출과 이입의 인구 비율은 10 대 1이었다. 도심지 재개발(urban renewal)은 '흑인 제거(Negro removal)'라는 비판이 나오는 가운데에도 젠트리피케이션은 2000년대까지 지속되었다.

도시를 발전시키며 오목조목 모여 있던 동네나 골목은 개발이라는 자본논리로 때로는 무서운 용역이 강제집행을 하며 어느새 사라지고 그곳에 빌딩이나 아파트가 들어서는 것을 수 없이 봐 왔을 것이다. 골목에서 가정을 이루고 아이를 키우며 작은 혁명을 이루던 사람들의 스토리는 찾아보기도 힘들다. 대신 헌집은 대형 빌딩으로 바뀌고 또 바뀌었다. 자본은 다시 번화해진 곳에서 밀려나 사람들이 찾아놓은 동네에 쑤시고 들어가 평화로웠던 그들만의 터전을 또 몰아내고 있다. 최근에 일어나는 젠트리피케이션 현상은 거대 자본이 들어오기 전 힙스터들이 행동대장 역할을 하는 것 같아 지금의 구조는 안타깝기만 하다.

젠트리피케이션은 '(슬럼가의) 고급주택화', 동사형인 gentrify는 '슬럼화한 주택가를 고급주택화하다'는 뜻이다. 상류계급 또는 신사계급을 말하는 gentry에서 파생된 것으로, 1964년 영국 사회학자 루스 글래스(Ruth Glass, 1912~1990)가 영국 런던에서 일어난 그런 현상을 묘사하기 위해 만든 말이다.

슬럼가에 중산층이 들어와 살기 시작하면 집값, 임대료, 재산세, 기타 서비스 요금 등이 올라 빈민은 점점 밀려나게 되었다. 지방 정부나 기업이 특정 지역을 살리기 위해 재개발 형식으로 주도하는 경우도 있고, '백인 탈출(white flight)'과는 정반대로 직장과 가까운 곳에서 일하고 싶어하는 젊은 중산층 백인들에 의해 '시장 논리'로 발생하기도 한다.

젠트리피케이션은 도시의 고밀도 개발과 밀접한 관련이 있다. 1960

년대 미국의 유명 도시학자 제인 제이콥스(Jane Jacobs, 1916~2006)와 루이스 멈퍼드(Lewis Mumford, 1895~1990)는 도시의 고밀도 개발이 바람직한가 하는 문제에 대해 논쟁을 벌였다. 제이콥스는 고밀도 개발에 반대한 멈퍼드와는 달리 고밀도 개발이 저밀도 개발보다 편의성·효율성·다양성을 증대시키고 환경보호에도 훨씬 유리하며, 고밀(high densities)이 문제가 아니라 과밀(overcrowding)이 문제라고 주장했다.

그러나 고밀과 과밀의 구분은 명확하지 않다. 제이콥스의 정의에 따르면, 고밀은 단위 면적당 많은 수의 사람이 사는 것이고, 과밀은 집 또는 방과 같은 거주 단위당 너무 많은 수의 사람이 사는 것인데, 충분한 관련 인프라가 구축되지 않을 경우 교통혼잡 등과 같은 단위 면적당 과밀도 얼마든지 빚어질 수 있다고 보는 게 옳을 것이다.

제이콥스는 쾌적한 고밀도 개발을 위해 슬럼가를 없애는 (unslumming) 운동을 전개했는데, 문제는 그 선의와 무관하게 이것이 바로 젠트리피케이션을 유발시켰다는 것이다. 제이콥스는 오늘날에도 존경받는 도시학자임에도 바로 이 점이 그녀의 가장 큰 문제였다는 비판이 있다.

이와 관련하여 '백인들이 좋아하는 것'이라는 웹사이트의 개설자인 미국 작가 크리스천 랜더(Christian Lander)는 "백인들은 절대 손해 보지 않는 상황을 좋아한다. 이것이 생활 대부분에서 사실이기는 하나, 그중에서도 가장 안전한 도박은 앞으로 괜찮아질 동네에 있는 집을 사는 것이다."라며 다음과 같이 말한다. "백인들은 리노베이션할 수 있는 낡은 집을 찾아다닌다. 다른 백인들이 이주해 오기 시작하면, 초기 개척자들은 원래 가격의 세 배에 집을 팔고 최첨단 주택으로 이사할 것이다. 신뢰성이나 돈, 어떤 것도 잃지 않는다."

출처 : 『교양영어사전2』, 인물과사상사, 강준만 저, 286p~287p

04 해외의 상가 임대차는?

장사를 하다보면 예기치 않은 문제들을 겪게 된다. 철수씨도 장사를 시작하기 전에는 알지 못했던 문제들을 직접 겪으면서 예전보다 '장사하는 사람'의 위치와 소비자의 위치가 함께 한다는 사실을 알게 되었다. 결국 가게를 잘 운영하는 것은 단순히 개인의 이익만을 추구하는 것이 아니라 공동체의 경제와 문화에도 적지 않은 영향을 주고 있다는 것을 생각하니 이전과는 다른 책임감도 갖게 되었다. 뿐만 아니라 처신을 잘못했을 때 가장 가까운 가족에게 큰 상처를 줄 수 있다는 것을 생각하면 지금도 아찔하다.

그렇다면 우리나라 자영업자만 이렇게 힘든 것일까? 얼마 전, 프랑스에서 10년 동안 지내다 온 친구를 만나 여러 가지 이야기를 들을 수 있었다.

19세기 유럽의 예술가들이 모두 사랑했던 파리는 당대의 문화인들이 차를 마시고 예술을 논하던 곳을 심심찮게 만날 수 있는 곳이 아닌

가. 여전히 많은 여행객들의 리스트에는 헤르만 헤세가 사랑했던 '카페 드 라 페(Cafe de la Paix)가 적혀 있다.

프랑스의 카페와 살롱문화가 무척이나 부러웠다는 친구는 직접 장사를 하지는 않았지만 오랫동안 생활하면서 느낀 이야기를 해주었다. 그의 말에 따르면 파리에는 짧게는 수십 년, 길게는 몇백 년 동안 이어가는 카페가 많다고 한다. 그러다 보니 자연스럽게 다양한 연령과 취향이 만나 독특한 문화를 형성할 수 있었다고 한다. 반면 단골이 될만하면 사라지는 우리나라 가게들의 모습을 안타깝다고 했다.

해외 상가 입대차

프랑스

프랑스는 영업용 건물 임대차가 별개의 법체계에 따라 발전하였다. 상가임대차 법제는 영업용 건물을 대상으로 하며 상업등기를 규정하고 있다. 임대차 계약 갱신 거절의 경우 퇴거 보상의 고액화로 사실상 갱신을 강제하거나, 임차권의 양도 금지 특약의 제한 등 영업 재산과 임차권, 노동성과의 보호를 중심으로 발전되어 왔다. 내보내려면 집주인이 영업권 등 보상을 해줘야 한다.

영국

영국은 5년 이상 영업을 하는 경우 '영업권'이 발생한다. 그리고 발생된 영업권에 대해서는 보상이나 신임대차의 설정으로 존속 보호를 인정받을 수 있다. 따라서 영업권은 자영업자의 재산으로 인정받는다. 임대차 기간은 특별한 규정이 없지만 보통 10년에서 15년 기간으로 계약되고 임차인은 부동산권을 일정 기간 동안 양도 받는다는 개념이다. 영국에서의 임대차 계약은 물권으로서의 성질도 갖는다.

미국

미국에서 임차권은 소유권으로 간주된다. 채권 계약의 일종으로 취급받지만, 물권 계약의 일부로 취급해, 임대차 기간 동안 배타적인 점유권과 사용 수익권을 갖게 된다.

일본

일본은 임대인의 퇴거 주장이 정당한가를 기준으로 임대차 종료를 판단하는데, 정당성에 관한 판례들이 있어 기준이 된다. 일본 차지차가법 제28조는 '재산상의 급부(일명 퇴거료)를 한다는 취지의 표시'를 임대인의 퇴거 주장이 정당한가를 판단하는 보완적 요소로 들고 있다. 일본에서 정당성 판단 기준으로 기본적으로 임대인과 임차인의 건물 사용을 필요로 하는 사정을 보고, 그 다음으로 건물의 이용 상황과 노후도 등을 검토 한 후 보충적으로 퇴거료 보상이 적절한지 등을 따져보는 것이다.

　바꿔 말하면, 세입자(임차인)와 건물주 쌍방에게 건물 사용의 필요성이 일정 정도 인정되고 퇴거 비용 지불의 의사 표시에 의해 건물주의 정당사유가 보완되는 경우에 법원에서 정당한 퇴거 비용(사실상 우리의 권리금을 포함한 비용)의 지불(혹은 지불과 교환)을 조건으로 세입자에게 퇴거를 명령하는 판결을 내릴 수도 있는 것이다.

반대로 정당한 사유가 없는 경우에는 세입자의 영업 손실에 대해 건물주가 어느 정도의 금액을 지급한다고 해도 정당한 보완 사유가 될 수 없고 임차인(세입자)에게 퇴거를 요구하는 재판을 제기해도 이를 인정하지 않는 것이다. 다만, 세입자와 건물주 쌍방이 합의하여 세입자가 임의로 퇴거하는 경우에는 관계가 없을 뿐이다.

독일

독일의 임대차 보호기간은 최장 30년이다. 또한 안정적인 임대차 관계라 권리금 수수 등도 흔한 일이 아니다.

독일의 임대차에는 권리금을 수수하는 관행을 찾아보기 힘들다. 임대차 계약에서 임차인은 계약상의 부수 의무로 보증금과 임대료의 선불 또는 건축비 보조금에 대하여 약정할 수 있도록 하고 있으나, 이는 주거용 건물에만 해당하는 것으로 영업용 건물의 경우 명시적인 규정이 없으므로 당사자 간의 자유로운 의사에 맡기고 있다.

건물과 임대 공간의 시설이 계약상 임차인에게 영향을 줄만한 가치가 있는 경우에만 임차인이 비용을 지급할 의무가 있다. 그러나 임차인의 시설물 매수청구권에 관하여는 필요비의 규정은 있으나, 유익비의 규정은 없고 부속물 매수 청구의 규정도 없으므로 상가 임차인의 권리금이나 시설비가 특별히 보호되지 않는다는 게 국내 전문가의 해석이다.

출처 : 〈상가임대차 권리금 계약에 관한 현황과 정책 방향〉,
국회입법조사처, 2009년 12월 17일, 36p~48p

임대차 계약 기간 비교

국가	한국	일본	영국	프랑스	미국
임대 기간	최대 5년	평균 10년	기본 7년	기본 10년 최장 30년	최장 20년

05 해외에도 권리금이 있나?

철수씨는 권리금이 우리나라에만 있는, 우리만의 독특한 관행이라고 하는데 과연 그런지 의문이 들었다. 그도 그럴 것이 권리금이라는 것이 말 그대로 관습으로 만들어진 것일 텐데, 외국이나 우리나라나 방법의 차이는 약간씩 있어도 사람 사는 모습은 다 비슷할 것이기에 분명 다른 나라에도 존재하고 있을 것이라 생각했다. 그리고 우리나라 상가건물 임대차보호법처럼 다른 나라도 임차인을 보호해 주는 법이 있는지, 그리고 어떻게 보호하고 있는지 궁금했다.

그래서 여러 자료를 찾아보니, 대부분의 국가에는 우리나라의 상가

건물 임대차보호법과 같은 법이 존재하는 것을 알 수 있었다. 그러나 차이점은 분명히 있었다. 우리나라 상가건물 임대차보호법은 피상적으로 '영세상인' 보호에 초점이 맞춰져 있지만, 해외의 다른 나라는 상대적 약자인 '임차인' 보호에 초점이 맞춰져 있었다. 즉, 임차인의 지위는 임대인의 지위에 비해 사회·경제적 약자일 수밖에 없음을 인정하고 있다. 게다가 장사하는 사람이 열심히 장사를 해서 문전성시를 이루면 유동인구가 많아진 만큼 땅값이 오르고, 그로 인해 건물주는 세입자가 열심히 일한 만큼의 이익을 가져가게 된다. 따라서 영업권, 즉 권리금을 임차인이 노력해서 만든 대가라고 판단해 권리금을 집주인이 함부로 침해하지 못하도록 법령이나 판례로 묶어두는 국가들도 눈에 띄었다. 뿐만 아니라 우리나라처럼 건물주가 마음대로 임차인을 내쫓고 본인이나 직계가족 등이 들어가 장사를 할 수 있는 것을 원천 봉쇄한 국가도 보였다.

충남대 법학전문대학원의 김영두 교수가 신문사에 기고한 글을 보면

(중략)

먼저 권리금 법제화에 대한 반대주장 속에서 흔히 볼 수 있는 오해

는 권리금이 우리나라에만 존재한다는 것이다. 그러한 오해는 권리금이 비정상적인 현상이며 보호할 필요가 없다는 주장으로 연결된다. 하지만 그렇지 않다.

다음은 부동산 중개사이트에 올라온 문구이다. "점포 매도합니다. 업종(카페), 매출액(월 800만 원), 임대료(월 150만 원), 대금(2억 원)." 점포 매매를 해 본 사람이라면 이 점포의 권리금이 2억 원이라고 생각할 것이다. 그런데 위 문구는 영국의 소규모점포 매매중개 사이트에 올라와 있는 것이다.

이러한 문구는 영국뿐만 아니라 미국, 프랑스, 호주, 캐나다 등의 점포매매 중개사이트에서 쉽게 찾아 볼 수 있다. 권리금 현상은 세계적으로 보편적인 것이지 우리나라에만 국한된 것은 아니다. 물론 권리금이 비정상적으로 지급되는 경우도 있다. 예를 들어 영업을 양도하는 경우가 아님에도 임대인이 임차인으로부터 권리금을 받는 경우가 있다.

(중략)

출처 : 〈권리금에 관한 두 가지 오해 기고글〉, 경향신문, 김영두, 2014년 2월 5일자 인용

위 기사처럼 권리금은 우리만의 독특한 문화가 아니라 대부분의 나라에서 영업행위를 통해 발생된 가치를 산정하고 있었다. 권리금이라

는 단어는 우리나라에만 있지만 다른 나라는 각각 다른 이름으로 권리금이 있었다.

해외 권리금

캐나다 – 굿윌(good will)

캐나다에서는 권리금을 '굿윌(good will)'이라고 한다. 선의의 돈 또는 선의로 인정해 주는 돈이란 뜻이다. 여기에 재고비와 시설비까지 더해져 통상적 의미의 권리금이 된다. 보통 임대기간은 3년씩 두 번 이뤄지는데 이는 법적으로 보호되는 것은 아니다.

물론 캐나다에도 세금을 피하기 위해 신고를 안 하는 경우가 많으며 다운계약서 관행도 있다. 재계약 시 주거용 주택의 경우 임대료 인상에 상한선이 있으나 상가의 경우에는 없다.

미국 – 키머니(key money)

미국에서는 권리금을 '키머니(key money)'라고 한다. 상점의 문을 여는 열쇠를 건네받기 위한 돈이라는 뜻이다.

미국에서는 상점을 거래할 때에 상점의 가치를 판단해서 거래를 한다. 일반적으로 납세 실적과 함께 매출과 순이익 규모, 그리고 브랜드 가치 등이 평가 대상이 된다.

아르헨티나 - 야베(llave)

아르헨티나에서도 권리금을 열쇠라는 뜻의 '야베(llave)'라고 부른다. 미국의 키머니와 같은 뜻이다. 중남미의 모든 나라들에게 있는 관행이다.

특이한 점은 3년마다 임대인에게 야베를 납부하는 것이다. 이는 법제화된 것이 아니라 오랜 관행으로 부동산 시장을 장악한 유대인들이 자의적으로 세입자들에게 요구하는 경우가 많다.

중국 - 전양비(转让費)

중국에서는 양도금이라는 뜻의 '전양비(转让費)'라고 부른다. 임대인과 계약할 때 계약서에 전양비의 제3자 양도가 가능한지 여부를 적는다. 중국에서도 전양비는 세무서에 신고하지 않는 금액으로 세금을 내지 않아도 처벌 대상은 아니다.

프랑스 - 퐁 드 꼬메르스(Fonds de commerce)

프랑스에서는 상점 권리금을 '퐁 드 꼬메르스(Fonds de commerce)'라고 부른다. 일상생활 중에는 줄여서 '퐁'이라고 부르며, 별칭으로는 '빠 드 뽀르트(pas de porte)'라고 한다. 직역하면 '그 집 문 앞 발걸음'으로 발걸음 비용 정도로 보면 된다. 권리금은 고객들의 무의식적이고 습관적인 인지를 돈으로 계량한 것이다. 프랑스인들답게 이런 특성을 따서 문학적인 이름이다.

임대 기간은 3년 단위로 세 번 연장 가능하며 세무서 발급 공증계약서 양식을 사용한다. 만일 건물을 재건축하거나 불가피한 사정으로 임대인이 임차인을 내보낼 경우, 이 양식에 기재된 권리금을 보상하게 되어 있다. 식당의 경우 1년 매출액이 권리금 협상 시의 기준이 된다.

출처 : 〈김제완의 좌우간에〉, 프레시안, 2012년 10월 24일자

다른 나라는 임차인을 보호하는 법규와 정책이 강화된 것일까? 각 나라별로 조금씩 다르지만 대체적으로 임차인을 상대적 약자로 보는 시각과 임차인의 영업권을 인정하고 있기 때문인 것으로 본다. 특히 임대인의 재산권과 임차인의 영업권, 즉 재산권을 동등하게 보는 시각이 주목할만하다. 또한 불로소득에 대한 권리는 낮추고 노동을 통해 얻은 소득에 대해서는 그 가치를 높게 평가하고 있다. 가치를 어디에 두느냐의 시각차이라 할 수 있겠다.

반면 우리나라는 임대인에게 유리하게 되어 있다. 매년 벌어지는 명도소송의 건수가 늘어나고 있고 특히 상가 밀집지역은 마치 전쟁터처럼 소송이 여기저기서 벌어지고 권리금이나 시설비를 회수하지 못한 채 길거리에 나 앉는 경우도 많다. 가게를 접은 자영업자는 곧 실업자가 되며 동시에 사회적 손실이 가중된다. 실업자를 사회시스템이 보호해야 하는데 현재의 임대인과 임차인의 관계에서는 전혀 손을 쓸 수 없기 때문에 도리어 실업자를 양산하고 가계부채를 늘리는 원인이 된

다. 이렇게 부작용이 많은 규칙 속에서 마음 편히 장사를 하기는 쉬운 일이 아니다.

우리나라는 OECD 회원국가 평균의 1.8배에 가까운 비율로 자영업자를 생산하고 있다. 그러나 동시에 자영업자가 망하면 신분이 추락하는 환경에 불안정하게 놓여 있다. 이것은 비단 상인만의 문제라고 보기에는 자영업자 비율이 큰 만큼 사회문제로 인식하고 적극적으로 해결하기 위해서는 국가 차원에서 정책이나 입법으로 풀어나가야 악순환의 고리를 끊어갈 수 있을 것이라고 전문가들은 전망한다.

곱창은 눈으로 보고 만지며 재료를 고르는 것과 전화로 주문하는 것은 차이가 크다. 그래서 철수씨는 가게로 가기 전 마장동에 들러 까다롭게 재료를 선택하여 싣고 온다. 가게에 도착하니 주문해 놓은 주류와 음료, 다른 식자재들이 도착해 있다. 이제 제법 능숙하게 손질하고 있는 스스로의 모습에 보람을 느끼는 철수씨. 옆집 사장이 들러 떠드는 수다도 나름 즐겁다. 예전과 다른 점이 있다면 이웃 상인과 인사하며 모임에 나가고 있는 것이다. 세금이나 운영방법, 식재료 가격동향, 동네 돌아가는 여러 소식 등 알찬 정보가 그때그때 오고간다. 아직 장사 초보자인 철수씨는 좀 더 적극적으로 교류하며 귀동냥을 하려고 애쓴다. 자주 왕래 할수록 갑자기 재료가 떨어지거나 집안에 급한 일이 생길 때 스스럼없이 도움을 요청하기 좋다. 옆집 사장은 권리금 법제화 이슈를 꺼내며 당연한 일이 이제야 법으로 만들어진다며 골목상인의 신분에 대한 이야기를 풀어 놓는다. 그러면서 우리 골목도 좀 더 적극적인 상인회를 만들어 목소리를 내야 된다며 다음 주에 있을 모임을 설명한다. 재료 손질과 여러 준비를 마치자 서너 명의 손님이 들어온다. 반갑게 맞이하는 철수씨, 오늘 장사가 시작되었다.

| 에필로그

장사할 때 성공하는 방법이나 성공한 이야기는 여기저기 넘쳐난다. 그만큼 소자본으로 내 가게를 하여 성공하고 싶은 수요와 욕망이 크다는 증거일 것이다. 하지만 자영업자 중 만 3년간 생존하는 자영업자는 27%, 만 5년간 생존하는 자영업자는 고작 17%에 불과한 것이 현실이다.

어떤 장사도 장밋빛 꿈만으로 성공할 수 있는 것도 아니다. 트랜디하게 꾸며놓은 카페나 수수한 작은 분식집이나 모두 각자의 전략으로 자영업의 세계에서 생존하는 법을 터득해간다. 오래된 가게일수록 생존 전략과 적응 능력이 뛰어나다. 이렇게 경험이 많은 '꾼'들 사이에서 이제 막 자영업을 시작한 초보상인들이 살아남을 확률은 매우 낮을 것이다. 그럼에도 불구하고 수많은 정보는 성공을 위한 노하우만을 알려주며 노동시장에서 막 편입된 사람들과 소규모 창업자들을 현혹시키고 때로는 혼선을 주기도 한다.

그렇게 젊음과 의욕만으로 시작한 골목사장이 면역력 결핍으로 한번 쓰러지면 재기하기가 좀처럼 쉽지 않다. 그저 좋은 경험으로 생각하기엔 타격이 너무 커 회복하는 데 많은 세월을 보내야 할지도 모른다. 그래서 이 책은 필자가 활동하며 직·간접적으로 경험했던 이야기들을 토대로 자영업을 하는 사람들이 조심해야 할 것들, 챙겨야 할 것 등을 기술하였다. 이야기의 핵심은 돌다리도 두드리며 건너자는 기본적이며 단순한 것에 있다. 가게 문을 열기 위해 이런저런 비용을 들여 추진하다가도 불안하면 모든 것을 멈추고 계획을 백지화 시키는 용기도 필요하다. 성공만을 위한 창업에 초점을 맞추기보다 극한에서 살아남는 방법처럼 위험요소를 하나씩 지적하며 자칫 지나친 의욕에 고취되어 길을 잃을 수 있는 부분을 냉정히 생각해 보게 하여 생존확률을 높이는 매뉴얼이라 할 수 있다.

장사를 생각하면 일인칭이 되지만 골목을 생각하면 삼인칭이 된다. 소상인이 모여 만드는 골목경제는 골목 안에서 순환되며 사람과 사람을 잇고 대화를 하게 하는 마을살이 모습이다. 그들은 나와 상관없는

삶에서 천재적이고 기적적인 이야기를 전달하는 사람이 아니라 바로
나와 같은 일상 속에서 살아가는 이웃이며 가장 가까운 곳에서 서로
를 위로해 주는 이웃이기도 하다.

마을과 골목의 일상 속에서 함께하는 상인이나 고객, 이웃의 일상
은 거시경제지표를 토대로 한 개발 경제의 틀 속에서 오랫동안 소외되
어 왔다. 내 가게를 지키겠다던 용산의 상인들은 재개발이라는 자본의
힘 앞에 애석하게도 생존권을 보장받지 못하고 강제집행 과정에서 무
너져야 했으며 한 해 3만 명이 넘는 사람들이 용산의 상인들처럼 강제
로 쫓겨나며 건물주의 소유권에 자신의 재산권을 포기하는 일상을 살
고 있다. 오죽하면 세간에서 조물주 위 건물주라는 말이 나오겠는가.

맘상모활동을 하면서 놀랐던 것은 건물주의 독선을 너무 당연하
게 받아들이는 상인들이었다. 그들의 삶은 그들의 것이라기보다 건물
주에 의해 결정되기도 했다. 수출의 주역은 조명하면서도 골목경기를
활성화 시키고 우리가 즐길 문화를 만드는 골목사장들을 소외시키는
것은 우리 사회가 아직 개인의 성찰이나 취향에 초점을 맞추지 못하
고 있다는 증거이기도 할 것이다.

간디는 마을이 세계를 구한다고 이야기했다. 마을 속에서 행복을
찾고 골목문화와 소소한 일상이 조명 받으며, 개인의 평범한 삶과 내

이웃이 성공신화 속 인물보다 위대한 가치로 평가 받을 때 세상도 가치 있어진다는 의미일 것이다. 과거에는 버스나 지하철에서 흡연이 가능했지만 금연법이 생기면서 비상식적인 행동이 되었듯 법이 바뀌면 사회의식도 바뀌어 토지나 건물의 소유권과 임차인의 재산 및 생존권의 가치는 비슷해질 것이다. 그리하여 마음 편하고 당당하게 장사할 수 있는 날이 앞당겨지기를 바란다.

끝으로 집필하느라 많은 시간 자리를 비워 더욱 고생한 아내와 천진하게 응원해 준 네 살된 아들 김한바다 그리고 맘상모회원과 동료들에게 마음깊이 감사를 드린다.

저자 김남균